子育て・保育セミナー

子どもの遊びの世界を知り、学び、考える！

小田　豊

ひかりのくに

●はじめに…

子育て・保育セミナー開講の辞

子どもと子育てに関して、今、さまざまな問題が語られる中で、私たちは、どうすればよいのでしょうか。本書を通していっしょに知り、学び、考えてみたいと思います。

・知る……　第Ⅰ章　「少子化」を通して

わが国の抱える大きな問題が少子化です。高齢化と同時に語られることが多く、少子高齢化といういい方がされます。少子高齢化社会が進むと、労働人口が減り、今の国の制度自体が立ちゆかなくなるなど、社会経済全体にとってたいへんな問題になるのです。ただここで、私たちは、違う視点で、もっと子どもを育てる立場から、この問題を見ていかなければなりません。子どもの数に目を向けるより、そのことによって、子育ての質がどうなるのか、子どもにとっての育ちがどうなるのか、「知る」必要があるのではないでしょうか。

・学ぶ……　第Ⅱ章　子どもを本当にわかろうとしていますか?

私たちが、これまで子育て・保育で大切にしてきたのは、ひとりひとりの子どもとしっかり向き合い、ひとりひとりの良さと可能性を伸ばすことではなかったでしょうか。どんな時代になろうとも変わることのない、子育ての命題です。

しかし、今、すべての大人はどうでしょう。子どもを大切にと言いつつ、子どもの遊びの世界をないがしろにしていないでしょうか。今一度、子育てや保育の中からその本質を見いだし、子育てをする大人としてさまざまな角度から「学び」たいものです。

・考える……　第Ⅲ章　保護者として、保育者として

このセミナーの最後には、私たちが大人としてどうすればよいかを考えてみたいと思います。ひとりひとりの子どもを大切に見ていくとはどういうことかを「考える」中で、保護者と共に歩むことで何を「考える」ことが大切かが見えてくるでしょう。それがあって初めて、真の子育て支援に結びついていくことになるのではないでしょうか。

この3部構成のセミナーで、皆さんの日々の子育て・保育がより充実したものとなりますように願ってやみません。子育てや保育に携わる者みんなが、それぞれの立場でがんばっていけば、きっと子どもたちにとって明るい未来に近づくのではないでしょうか。

目次

第Ⅱ章

● わたしたちに欠けていることは…

子どもを本当にわかろうとしていますか？

～子どもの遊びの世界を大切にしてこそ育つ、生き生きとした子どもたち～

第Ⅲ章

● どうしていけばいいのか…

保護者として、保育者として

〜真の子育て支援・家族支援とは、園と保護者が共有したいことを持つこと〜

STAFF　装丁・本文レイアウト／曽我部尚之
編集／安藤憲志　校正／堀田浩之

第 I 章

● 何が問題なのか…

「少子化」を通して

～ 学力低下が進むのはなぜか ～

●Ⅰ－①

少子化の本当の問題点 ―数より質―

生き生きとした子ども、そして子育てへの忸怩《じくじ》たる思い

真の少子化とは子どもの出生等による数の減少を意味するのではなく、現在の豊かさの中で子どもたちの生き生きとした姿が減少し、子ども本来の姿が無くなり、子育てが年々難しくなっていることに不安を抱いている現象をさしている言葉なのではないでしょうか。確かに、現実の子どもの数の減少も将来を見据えて不安材料のひとつかもしれませんが、少子化の真の不安はそうした数的なものではなく、子どもの育ちという質的な面での問題なのではないでしょうか。その意味では、単純に日本の広さや食糧事情等から眺めたとき、現状の子どもの総数はもちろん、出生数についても妥当な数かもしれません。つまり、量的な意味での現在の少子化って、本当に悪いことなのでしょうか。現状の子どもたちが生き生きとし、未来へ向けて充実した日々が保障され、だれもが子育てが楽しいと感じることができたとしたら、現在のように「少子化が心配！　少子化が問題！」などということはないのかもしれません。

以前目にした〝愛情を履き違えた父・母急増で新しい産業の台頭〟という記事が目に焼き付いています。その内容は、働く意欲を持って若いワーキングマザーが増え、その意欲は、子育てをしながら仕事も家事も手を抜かない、ということですが、現実ではなかなか実行が難しく、忙しい母親に代わって食事や勉強を含めた子どもへのさまざまなめんどうを見てくれる新サービスが拡大し

ているというのです。例えば、従来の幼稚園はもちろん、保育所や学童保育を超えるサービスの仕組みを持ったアウトソーシングを司るビジネスの創出です。そこでは、園や学校という壁を取り払い、共働きの家庭を具体的にサポートするとして、子どもの宿題を手伝うことはもちろん、人格形成の基礎として家事を身につけるために料理までも教えているそうです。そこを実際に利用している方に話を聴くと、確かに、働く親にとって子どもと接する時間が少なく、しつけや料理等を含めた伝えるべき家庭教育へ十分に時間が掛けられないので、従来の園や学童保育という公的な教育機関では得られないものを補ってくれていて満足しています、とこたえています。こうした状況を、先に述べた真の意味の「少子化」問題とどのように重ねて考えたらよいのでしょうか？

そのまま単純に受け止めるとしたならば、子どもを持ちながら働く親たちの置かれた状況の厳しさと変化に驚くとともに、働く親たちの子育てに対する熱心さが伝わってくるような気がしてきます、と賞賛さえしたくなります。ところが、従来の公的な機関に預けている働く親や、そこで働く教師・保育者に、こうした状況について聴くと、最近の親全体にいえることですが、「自分の子どもだけが幸せであればよい、自分の子どもだけができればよい」という言動が目だち、特に、こうした新しいサービスの方向に流れる親たちに象徴的な形で多く現れていると苦り切った表情で説明してくれます。さらに総じて、その親たちは「自分は子どものために一生懸命だし、仕事もこなしてきている」といった方々が多いといいます。しかし、内実というか真実は、忙しく何もできないので他者に依頼し、自分の至らなさや不十分さを見せたくないので、依頼先でうまくいかないときには、まず、子どもに当たり、次に依頼している先に文句を言い、すぐに別の場所に変えるという繰り返しがなされ、その結果、子どものストレスは大変なものになっていることが多いといいます。そこでは、決して自分が責任を負うことはなく、常に他者に責任を押しつけ、最後には自分の子どもではないという言動までもする親が出現してきているといわれています。もはや、子どもとの絆《きずな》どころではありません。そこには、少子化の何たるかさえもありません。少子化が問題ではないのです。にもかかわらず、一般的には子どもの問題というと、少子化の問題とすり替えられ、数的なことのみが問題にされ、本当に必要な子育ての質的なありようは論議されず、園・所が足らない、待機児がいっぱい、となってきているのです。その結果が、箱物ばかりに目が行き、真の子育て支援とは何かという問題は問われないのです。だれが、真に子どもの幸せを考えているのでしょうか。

平成18（二〇〇六）年12月15日「教育基本法」が国会で可決・成立しました。これまでは「教育の憲法」といわれる教育基本法の条文の中には幼児教育についての言及はありませんでした。ところが、今回の基本法には、第十一条に初めて「幼児期の教育は、生涯にわたる人格形成の基礎を培う重要なものであることにかんがみ、国及び地方公共団体は、幼児の健やかな成長に資する環境の整備その他適当な方法によって、その振興に努めなければならない」と明文化され、位置づけられたのです。教育基本法の趣旨が真に生かされ、子どもたちひとりひとりにふさわしい教育が保障されるよう見守りたいものです。

●Ⅰ―②

少子化と幼児教育

少子化時代の子どもたちは、今（子ども受難時代？？）

このところ、乳幼児期を含め子どもの育ちの「変化」が盛んに指摘されています。保育所や幼稚園に入園してくる子どもたちの中に、他人と手をつなぐことを嫌う子が見られるそうです。ある小学校では、入学したばかりの子どもの中に、みんなといっしょに給食が食べられない子がいて苦労したという話を聞きました。自分の周囲で「くちゃくちゃと楽しく食べる仲間の姿」に泣き出す子もいて、しばらく保健室や校長室で「ひとりで食べさせる」こともあったそうです。何をするのも母子いっしょ。父親も家にいれば子どもに同調、買い物や散歩はもちろん、遊びまでことごとくいっしょ、という家族が増えてきている中で、子育てに悩む保護者が増えてきています。また、子どもを取り巻く環境を見れば、自然の消失、遊びの衰退、子ども仲間の減少というのが現実なのです。さらに、子どもたちがどうも昔と違ってきた、いろいろと気がかりなことが多くなった、具体的には、基本的な生活習慣が身についていない、運動能力が低い、他人とのかかわりが苦手、自制心や規範意識、知的好奇心の欠如など、枚挙にいとまが無いほどです。

しかし、その「変化」はマイナス方向ばかりが強調されている傾向にあります。そうしたマイナス傾向の結果か否かは別として、学齢期の子どもたちの学習状況や生活実態においても小学校一年生の子どもたちが入学直後から学習に集中できない、学習意欲に欠ける、教師や他者の話が聞けずに授業が成立しないなど学級がうまく機能しないことをとらえて「小一プロブレム」という「言葉」を生み出しています。さらに、子どもたちの問題状況は、少年犯罪の凶悪化が低年齢化し「非社会化」の行動（無気力、問題行動等への不適応）の増加と児童生徒全体にまで及んできています。こうした「変化」を総称して子どもの社会力、人間力が低下していると指摘する研究者もいます。その典型例としてよく挙げられているのが、保育所・幼稚園に入園してくる3歳児における変容です。その変容とは、従来、3歳児の入園時にはオムツが取れない幼児の存在は皆無に近いものでしたが、このところ、1クラスに4〜6人くらいの幼児がオムツをしたまま入園してくるという実態が強調されているのです。

確かに、幼児教育の振興を考えるとき、ひとつの指標として幼児のオムツが取れ、幼児同士の集団活動が可能か否かを見極めながら進めてきたことは事実です。したがって、オムツをしたままの入園児の増加は、幼児の社会力、人間力の低下といえないことはないのかもしれません。しかし、オムツをしたまま入園してきた幼児が入園後まもなくオムツが取れることの事実も知らなければなりません。しかも、そのオムツが取れることに対して保育者の懸命な指導の下ではなく、幼児みずからの力で行なってきていることを知ってほしいのです。オムツをした多くの幼児は、入園後友達といっしょに遊ぶことを通して初めてみずからのオムツ姿に気づき、いっしょにより楽しく遊ぶためにはみずからオムツを排除することの必要を学び、容易に実行できるようになるのです。

では、オムツ問題をはじめ、こうした子どもたちの育ちの「変化」は、子どもの側ではなく保護者の側にあるのかと考えたくなります。確かに、現在の少子化、核家族化、情報化など経済社会の急激な変化を受けて、人々の価値観が多様化する中で、社会全体としては、個人主義、人間関係の希薄化を生み出し、経済性・効率性が重視された大人優先の社会状況が見られることは事実です。だからといって、大人優先社会の否定や保護者に問題がすべてあると主張しているのではありません。そこに存在する大人優先社会が生み出した経済性・効率性が誤解されていることで生み出された「変化」ではないかと考えたいのです。

今や、子育ての中心命題がこうした誤解された経済性・効率性の下で実行されているために、学力低下問題を始め、より早く、より効率的に賢く育てることが「よい子育て」であるかのようになってきていないでしょうか。その結果、多くの保護者は無意識の内に効率的に「よい子育て」ができない人は親ではないという脅迫感に襲われ、子どもが育っていくためには何が本当に必要なのかわからなくなり、ひいては「子育てはハンディキャップ」との認識さえ抱かせるようになり、オムツの問題でさえ専門家に任せるほうが効率的と考えてしまっているのです。しかし、むしろ今、真に求められるべきは、子どもたちの状況をマイナス方向や効率化のみでとらえるのではなく、目の前の子どものようすをしっかり見つめ、子どもの成長するうえではどんなに時間がかかってもポジティブな体験もネガティブな体験も必要と考えることでしょう。つまり、現代の豊かさや効率化を誤解したままで子育てを続けていくと、益々「子ども受難」時代に向かわせたのではと考えたのですが、いかがでしょうか。

●Ⅰ―③

幼児期の「学び」と少子化

その1 学びの基盤の喪失

このところ、幼児期の「学び」のことが話題となっています。おそらく、その根元は小学校や中学校における学力低下の問題とも連動して幼児教育の世界に飛び火しているのではと考えられます。しかし、子どもたちの学ぶ力や学びへの意欲の低下の問題には、その背景に少子化が潜在的に影響していることは疑いの余地がありません。そこで、幼児期の学びについて考えてみたいと思います。

本来、学びの基盤とは人間が人間らしくあることでしょう。ところが、今、話題となっている学びの問題は、残念ながら「知識、暗記、画一、依存、受動、競争」という言葉で表されるものばかりで、子どもを単に知識の集合体でしかない世界に閉じ込めるだけのものになっています。これでは人としての真の学びの基盤とはならないのではないでしょうか。人間が人間らしくあるということは「人間が自由である」ことが基調です。このことを具現化するには「体験、思考、自主、創造、個性、協同」という言葉で組み立てられるものにならなければなりません。これらの言葉で言い表され、そのまま子どもたちの世界の中で生かされている活動があります。それは、「遊び」です。

子どもたちの遊びは、本質的に自由で自主的な活動といえます。遊びが成立するとき、人間は人間として自由になっているのではないでしょうか。また、遊びが成立しているときには、単に、自由で自主的であるだけでなく、子どもたちはまず自分の手や身体を思い切り使うことによって楽しみます。こうした遊びを通して子どもたちは失敗や成功を体験し、さらには友達と考え合ったり、時に協同したりしながらさまざまな工夫さえしていきます。この過程こそが幼児期にとっての「学び」といえるのです。そして、遊びが深まれば、さらに熱中して、いっそう深く遊びに集中していきます。しかも、子どもたちは、その中で喜びと楽しみを体感しながら満足感・充実感さえも味わっていきます。こうした過程を子どもたちがたどることを「遊びを通して学習する」と幼稚園教育要領・保育所保育指針では幼児期の「学び」について説明しています。

ところが、保育所・幼稚園内においても子どもたちが遊ばなくなったとか、自然の中での遊びが持てなくなった、遊びへの意欲が希薄になっているなどの言葉をよく聞きます。子どもたちは、社会や家庭の生産構造の変化によって家事を含め生産活動から隔離され、そのうえ情報化や都市化の波によって自然環境から遠ざけられ遊び場を失い、少子化によって仲間関係も奪われ、コンピュータに代表される機械が相手という遊びの内容さえも変えざるを得ない状況を余儀なくされています。その結果は、従来からの遊びだけでなく、人間関係をも忌避するという現象が見えてきました。

こうした現象が保育所・幼稚園へも波及してきているということは、人間の基盤としての諸能力、言い換えるなら、真の「学び」の獲得をも逃避していくことになっているのではないでしょうか。現代の子どもたちは遊びを通して人間的な諸能力を身につけていない。それは、ひいてはモノの世界を知ることができないことを示唆しています。子どもたちは、自分の目で見、肌で触れ、手でつかむなど、身体全体を使って具体的に事物を体験することで、初めて対象を理解するという思考の特性を持っています。そうした具体的事実を基盤として、宇宙の原理や法則といった抽象概念を持つこともできます。学びという人間としての必要な能力を獲得するためには、こうしたモノの世界を知るという具体的な体験をすることなしには成立しません。具体的な体験とは、それが子どもの中に生活として内在されなければなりません。子どもたちは、生活すなわち生きていることにかかわっているという実感のないものは、一過性の刺激として切り捨ててしまいます。その意味で、子どもたちの遊びの喪失は学びの基盤を失いつつあることを知らなければなりません。

かつては、地域に子どもたちがあふれ、自然の豊かさとともに仲間集団が形成され、異年齢の子どもたちで遊びが充実していました。そこでは、年齢を超えた仲間と競って、山や川で泳いだり、魚を追ったり、原っぱを駆け回ったりして、時には大人の目をかすめて、少々の悪さをやってみる。それらは、時に危険な状況、あるいは何がしかの障害を越えて味わう冒険でもありました。だから「やった！」と躍り上がることもあるかわり、きずだらけになったり、あるいは年上の先輩からしかり飛ばされる失敗も経験しました。そうした全力をぶつける体験を繰り返しながら、寒さ、暑さ、雨、風、草、虫などの自然を体感し、けんかしてひとりで帰るわびしさ、仲間外れのくやしさ、そうした感情の種々相も味わったのです。よほどのことがないかぎり、陽が沈んで「カエルが鳴くからかえろう」という声が挙がるまで、毎日がこの繰り返しだったのです。少子化になった今、私たちの周りにいる子どもたちは、どのような毎日を過ごしているのでしょうか。

●Ⅰ-④

幼児期の「学び」と少子化

その2 遊びと学び

人間は、ほかの生き物と違って自分で生きていくためにいろいろのことを学ばなければなりません。なぜなら、生まれたときの脳の発達がほかの生き物に比べて非常に未熟だからです。ほかの生き物は、生まれたとき体はまだ小さいのですが、脳はほとんど大人と同じくらいに成熟して生まれてくるといわれています。そのかわり、何十年たっても犬は同じ生き方を繰り返すことになります。つまり、犬はどんな環境に育っても犬として生きていけるようになっているようですが、与えられた本能によって生きているのではと考えてよいと思います。したがって、犬にとっては特別な学びというか学習はいらないことになります。犬が何らかの芸を覚えることがありますが、それは犬が生きるためにというより人間の都合で覚えさせられているだけで、犬自身が犬として生きるために必要感があって覚えるわけではないと思います。

ところが、私たち人間はそうはいきません。生まれたときは何もできません。だから、人間の脳は生まれたときは白紙のようなもので、その上にどんなことでも書くことができると考えた研究者がいます。しかし、3歳くらいになると、日常生活の中での言葉をほとんど不自由しないくらいに覚えてしまいます。さらに、積み木遊びでさまざまなものを作ったり、砂場で穴を掘り水を流すこともできるようになります。これといった特別なことをさせたつもりもないのに、生まれたときのことを考えればずいぶんいろいろなことができるようになります。3歳くらいで、もうすっかりその子らしい個性というか、性格なども表れてきます。こうしたことから、本来、人間の内側に備わった能力がしぜんと育ってくるのではないかと考える研究者もいます。確かに、子どもはしぜんにいつのまにか言葉を使い始めます。しかし、日本で生活している子どもは日本語を話すようになり、日本人の子どもでもアメリカで暮らしていればアメリカ英語を話すようになります。言い換えれば、覚える中味は外から与えられたものだということになります。つまり、人間がよりよく学び、学習していくためには、こうした内からの働きかける力と、外から与えられる力とが絡み合って成り立つものだということができるでしょう。

ところが、こうした内と外の絡みと学びや学習との関係で興味深いことがあります。例えば、早く覚えさせようと思って教えることは、なかなか覚えてくれないにもかかわらず、覚えてほしくないようなことはすぐに覚えてしまう、といった経験はだれにもあるのではないでしょうか。こうした現象は、同じような外からの働きかけをしても、内からの働きかけは同じとは限らないことを示しています。つまり、内からの働きかけが活発であるほどよく覚える、言い換えれば、内なる働きかけが活発になれば外の働きかけもよりよく働くということになるのではないでしょうか。こうした関係が学びの芽生え、学び、学習の概念分けや意味づけに応用されているのです。

幼児期の教育は遊びを通して学習することを命題にしていますが、その学習に至る過程を遊びを前提とした学びの芽生えの時期、学びの時期を経ることを大切にしています。つまり、幼稚園や保育所では3歳の入園時期を学びの芽生え期として、ひとりひとりの内側にある内発的な動機の掘り起こしを大切にしています。内発的動機とは、驚く力、疑問に思う力、感動する力などを意味します。こうした内発的な動機の掘り起こしとともに、4歳ごろになると何にでも興味・関心を示すような意欲の掘り起こす知的好奇心や探究心を、内から揺さぶるような保育内容を中心とした遊びを大切にします。そして、5歳を迎えると幼児期から児童期への中間期として外からの働きかけも必要となり、内からの働きかけを生かして外の働きかけをすることによって、友達の存在がより大切なものとなり、友達の考えやアイディアをまねしたり、自分流に取り入れたり、協同的な活動を通して学習の基礎・基本につなげることを大切にしています。遊びを通して学習するとは、まさにこうした過程をきちんと位置づけることを意味しているのです。単に、遊ばせておけば学びや学習が成立するのではありません。基本的には計画的な環境の構成によって学びや学習がそうした環境の中に埋め込まれ、位置づけられなければ幼児期の教育とはいえないのです。なぜなら、子どもは大人になるまでには多くのことを学び、学習しなければ自分で生きていくことができないことだけはまちがいないからです。

しかし、こうした幼児期の学びそのものが、幼児期以後の児童期、青年期、成年期はもちろん、人間としての一生の学びの基盤になっていることが、保護者だけでなく、時に、小学校以上の教師にも伝わっていないというより、むしろ誤解されているのが現実ではないでしょうか。例えば、卒園式などでよく見られるのは「幼稚園では、本当にたくさん遊ばせていただきました。小学校に行ったら、これではいけないので、心を入れ替えて、しっかり、学ばせたいと考えています」と、遊びと学びを分離してとらえている光景です。この遊びと学びを分離してとらえる誤解の究極は、遊びを悪、学びを良として考えることでしょう。こうした誤解の上に成り立つ学びは、遊びに染まらない内に少しでも早く身につけさせなければと「誤った早期教育」に子どもたちを追い込み、小学校段階になったときには学びへの意欲だけでなく、何もしたくないという不定愁訴症候群《ふていしゅうそしょうこうぐん》（※）の出現につながっていることです。こうした子どもたちの多くが、兄弟姉妹の少ない家庭に多くなってきていることが問題なのです。少子化が問題になる以前には成立していた、社会性をはじめ、子ども同士がしぜんと学び合える協同的な遊びが家庭内で成立し難くなってきているのです。つまり、現在の少子化は、幼児期教育だけでなく、子どもの学びにも大きな陰を落としているのです。

※頭が重い、イライラする、眠れない、疲れが取れないなど、なんとなく体調が悪い自覚症状を訴えるが、検査をしても病気が見られない状態。

●I－⑤

幼児期の「学び」と少子化

その3　幼児期と児童期の違い

例年、保育所・幼稚園で二学期末から三学期の修了にかけて、年長組の保育者を中心に話題になるのは、小学校への橋渡し（接続）のことです。そこでは、保育所・幼稚園での保育・教育が小学校の先生方に理解されていないことへの不満から始まるようです。地域によっては、小学校と敷地を同じくする、あるいは道路を挟んで向かい合わせ、少数派だと思いますが、職員室が隣り合わせの園もあると聞いています。しかし、いずれの場合も不思議なことに同じような話題になるようです。このことは、裏を返せば、小学校の側でも同様のことが話題になっているのではないでしょうか。さらに、高学年で起こっていた学級崩壊どころか、低学年において「小一プロブレム」の話題がマスコミ等に取り上げられてきています。これでは、保・幼と小、お互いに虚しい思いになるだけでなく、保護者をも巻き込んで何らの責任もない幼児や児童に迷惑がかかることになります。そこで、幼児期から児童期にかけての接続のあり方等から学びについて考えてみたいと思います。

三学期に入ると、保育所・幼稚園では「学校ごっこ」を楽しむ姿を何度となく見かけます。そこでは、児童役の幼児は鉛筆を持ち、小学校の教師役を務める幼児は、なぜかメガネを掛け子どもたちを怒っていたり、『できましたか？　できない人は、立っていなさい』などと遊んでいます。また、幼児に「小学校ってどんなところ？」と尋ねると、まず10人中8、9人は「勉強するところ」と答えます。もちろん、このような風景が小学校の生活にまったくないとはいえませんが、幼児の世界の小学校のイメージは、どのようにして創られているのでしょうか。幼児が、小学校生活を体験することを考えてみると、生活科の授業でいっしょに活動したり、運動会に招かれたり、と多くて年数回のことでしょう。幼児が持つ学校へのイメージは、幼児自身の体験からというより、おそらく多くは教師や保護者の話などからきているのではないでしょうか。

この光景を見ると、幼稚園と小学校の接続に関して物理的には最も近い位置にありながら、心理的には遠い距離を感じます。もちろん、この心理的距離を「悪いこと」と決めつけているのではありません。幼児教育と小学校教育のあるべき段差という意味では、むしろ「よいこと」ととらえなければならないのかもしれません。なぜなら、確かに幼児教育と小学校教育との間には、入学という具体的な機会を境にした、成長における非連続性と連続性という通過儀礼的な形式による段差は必要だからです。つまり、保育所・幼稚園と小学校との間には、お互いに独自の教育機関として、幼児期は幼児期として完結した教育、児童期は児童期として完結した教育として認識し、両者がその教育の目的を理解し合い、尊重することが大切だからです。幼児の側には、小学生としての自覚というか、覚悟は、いよいよ勉強するのだという期待が、何にもまして一年生の学習の大きい動機付けになるにちがいありません。しかし、幼児期と児童期の発達が連続しているために物理的に近さを感じ、保育・教育内容を連続させなければならないと具体的な形で接続させたいとの思いが強すぎて、結果として逆の事態がお互いの中にでき上がっているとしたら不幸なことではないでしょうか。

みなさんご承知のとおり、平成14（二〇〇二）年実施の学習指導要領では学力観の転換によって幼児期から児童期だけでなく青年期までを通して「生きる力」の育成が学校教育の中心になりました。ところが、相変わらず、学力観が知識中心に置かれ、それも「できる、できない」というひとりひとりの発達を輪切りにした見方から脱却できていないのが現状です。幼児期に育てたひとりひとりの発達の過程を大切にした学力観の定着・促進のために、小学校に生活科や総合学習の時間が設けられたことも生かされていません。これでは、保幼・小の交流・接続がスムースにいくはずもなく、かけ声だけで終わる可能性もあります。ところが、かけ声どころかこうした迷った状況がゆとりを持ってひとりひとりの生き方の確立を目ざした学力観の転換について、子どもたちを真に生かしていないのでは、という疑問視した声とともに従来の受験学力観が再び登場するような雰囲気が学校現場に戻ってこようとしています。

いわずもがなですが、子どもたちの学力低下が声高にいわれるようになってきたのです。その結果が、世界トップレベルの義務教育の質の保障という問題です。そこには、急速に変化する社会に即応しつつ、一定水準の教育を等しく受けることができるよう、憲法に定められた教育の機会均等や水準確保などの国の義務を果たすため、新たな義務教育の質を保障する仕組みを構築することが求められているのです。質の保障については、まったく異論はないのですが、その方法としてすべての児童生徒の学習到達度を把握することが必要なのでしょうか。ひとりひとりの生き方には、急ぐ子ども、ゆっくりいく子ども、ひとりひとり個性があって違いがあるはずです。その違いを許しながらひとりひとりがひとりひとりであってよいという安定した人間関係を構築するのが教育の大切な役割です。もちろん、子どもたちひとりひとりの学習到達度を把握し、それを生かすことは確かな学力のためには欠かすことができないものであることはいうまでもありません。心配なのは、その調査結果を活用したひとりひとりへの検証サイクルの確立が重要なのです。そのサイクルにはひとりひとりがひとりひとりであってよいという生きる力が許されることによって子どもの教育が見えることです。こうした検証のサイクルが見えないままに、点数という学力だけがひとり歩きしたとしたら、その最大の犠牲者は子どもであり、保護者です。こうした犠牲者が払拭されないかぎり、真の少子化は止まらないのではないでしょうか。その保障のないままに事だけが進むと、子どもを持つ楽しさも、育てる楽しさもなくなることをみんなは何度も体感しています。少子化の根元に見え難い子どもの学力への不安があることを知らなければなりません。

●I－⑥

幼児期の「学び」と少子化

その４　幼児期にふさわしい生活の大切さ

保護者にとって不安が大きいのは幼児期と児童期の接続期にかかわる遊びと学びの関係ではないでしょうか。この点について考えてみたいと思います。

保育に携わる関係者の間では、小学校に生活科が設置されたことで、接続にかかわっては解決に向かっていると思っている方が多いようです。確かに、平成４（一九九二）年実施の学習指導要領改訂の際に小学校の低学年に教科として新たに生活科が設置されたとき、幼児期の教育と小学校教育がやっと接続したとおおいに歓迎されました。しかし、歓迎の声が大きかったのは保育所・幼稚園関係者のほうで、小学校の関係者や保護者には、歓迎というより、むしろとまどいのほうが多かったような印象があります。そのとまどいの理由のひとつには、生活科は幼児期の教育と同じく「遊び」を中心とした教科であると喧伝《けんでん》されたことではないでしょうか。生活科の新設における趣旨とねらいを見ると「低学年の児童の心身の発達は、幼稚園の年長児から小学校中・高学年の児童への過渡期的な段階であり、具体的な活動を通して思考するという発達上の特徴がみられる。そこで、幼稚園教育との関連も考慮して、低学年では直接体験を重視した学習活動を展開することが、教育上有効であると考える。」と述べています。しかし、どこにも「遊び」を中心とすることなどは書かれていません。確かに、幼稚園教育との関連も考慮した直接体験を重視した活動には「遊び」も含まれていますが、保育所・幼稚園での「遊び」と必ずしも一致することを意味してはいないのです。但し、直接体験として身近な生活の事象を教育化していくことにおいては、幼児期の教育と同様な面は多くあることは事実です。しかし、生活科新設のねらいは「直接的な体験を重視した学習活動を展開し、意欲的に学習や生活をさせるようにする」ことでした。つまり、生活科を通して既成の各教科を見直し、さらに充実した教科として児童の主体的な学習が展開されるようになってほしいということだったのです。このことは、平成14（二〇〇二）年施行の学習指導要領に新たに位置づけられた「総合的な学習の時間」についても同様なことが考えられているのです。

つまり、小学校における生活科の新設は、小学校教育のさらなる充実とともに、幼児期と児童期の双方がお互いの教育への理解を深めることで接続への橋渡しを意味していることは確かです。だからといって、生活科の遊びと幼児期教育の遊びが同一であると考え、そのことによって両者の教育方法、内容が連携したとすることは安易であり、問題があるのではないでしょうか。平成元（一九八九）年発行の幼稚園教育要領の解説書（『幼稚園教育指導書増補版』）には、小学校との連携について「幼稚園においては、この教育要領に示されていることに基づいて幼児期にふさわしい教育を十分に行うことが小学校教育との接続を図る上で最も大切なことであり、いたずらに小学校の教科内容に類似した指導を行うことのないようにしなければならない」（一〇二ページ）と述べています。小学校の生活科は、各教科と並び、れっきとした教科として位置づけられています。だとすると、保育所・幼稚園における遊びと生活科における遊びとでは、教育方法、内容のうえでも似て非なるものなのではないでしょうか。しかも、教科としての生活科の遊びは、遊び本来の意味と本質を異にするものと考えなければならないのではないでしょうか。例えば、近くの広場や休憩時間にする「ボール遊び」と教科として授業中の「ボール遊び」とでは、活動そのものは同一に見えても、活動している人にとっての認識等は異なるのです。すなわち、遊びの本質に相違があるからです。しかし、保育所・幼稚園、小学校は意図的な教育の場です。したがって、こうした場における遊びに、一般の遊びの概念をそのまま適用することは問題があるのかもしれません。保育所・幼稚園教育と小学校教育の教育目的や教育方法を重ねてみると、保育所・幼稚園の教育実践は「目的としての遊び」が大半を占めており、生活科では「手段としての遊び」が行なわれていると考えてよいのではないでしょうか。

だとすれば、両者は似て非なる教育実践を行なっていることになります。例えば、生活科で「好きな遊び」として自由な活動が始まったとしても、児童は微妙に感知し、この時間が、授業という枠の中であり「手段としての遊び」は許されているが、真の遊び活動とは受け止めていないのです。つまり、「手段としての遊び」は遊びが持つ本来の力を失わせてしまうのです。しかし、意図的教育の場としての保育所・幼稚園、小学校では、「手段としての遊び」を抜きにしては教育は成立しません。保育所・幼稚園教育と小学校教育の実践過程において、それぞれの教育目的、方法のうえでどちらがより有効性を生かすかを突き詰めながら「遊び」をとらえなければならないのです。つまり、幼児期の教育と小学校教育のスムースな接続は、保育所・幼稚園での遊び、生活科の遊びという教育内容が似ている、また学齢期として発達が連続していると安易に考えるのではなく、遊びひとつにしても相違しているからこそお互いの教育目的や教育方法を尊重した連携が必要であると考えるべきではないでしょうか。お互いが相違していることを認識することが幼児期の教育と小学校教育の滑らかな接続として重要であり、そこから連携のあり方と必要性が生まれるのではないかと考えてみる必要があるのです。もちろん、このことは、幼児の入学前の生活との断絶によって小学校生活が始まるようにと思っているのではなく、小学校生活が成立するのは、入学前に保育所・幼稚園や家庭で培われた幼児期にふさわしい生活の存在がその基盤になっていることが前提であることは当然です。こうした考えを、保護者に納得のいくように説明することによって学びへの不安を取り除く必要があるのではないでしょうか。そのことは、ひいては子育ての楽しさや少子化の歯止めにつながっていくのです。

●Ⅰ-⑦

ペットと、ヤヤ子と、少子化と ―大人が変わる必要―

子どもの事件の多さに驚くとともに、その内容の複雑さに驚愕《きょうがく》させられることがあります。特に、親子の間で生命が失われるという事件には心を痛めるというよりも悲しくなってきます。いま、わが国では少子化から超少子化の時代に入り、子どもたちの出生の減少どころか全体の人口減少が始まったようです。ひとりひとりの命の重さが過去のどの時代に比べても重く、大切になってきているのです。もちろん、少子化の問題は日本だけではなく、先進国の多くが抱えている悩みでもあります。しかし、そうした国々の方々から、よく質問されることがあります。それは、日本では、子どもの数よりペットの数のほうが多いというのは本当ですか、なぜなのですか?という問いです。確かに、日本ペットフード工業会の調査によると、平成20（二〇〇九）年、犬と猫を合わせたペット数は2234万匹以上で同年の0歳から14歳の子どもの総数より三割以上多いのだそうです。

犬や猫を代表とする動物たちが、病人をはじめ、時に老人や孤独な人の心の癒しに貢献していることは知られています。しかし、今やそうした病気や老人の方々だけではなく、平凡な普通の健康な家庭の中に、ペットが子どもの数より多く存在することに少し違和感を感じませんか。決して、動物嫌いではありませんが、ペットを飼う多くの方々の言葉が気になるのです。例えば、「子どもと違って、すなおで言うことを聴いてくれる。ホッとするし、心が癒される」とか「少々育て方を間違っても子どもと違って大事にはならない」という話が寂しく感じられるのです。

なぜなら、一方で少子化の中で、冒頭に述べたように子どもたちが親子関係に悩んでいることが少なくない現実があるからです。子育てに悩む多くの大人が出現してきているのです。少ない子どもを中心として家族が身を寄せ合って生活しています。お買い物も、外に出て食事をするのもいっしょという、親子密着型の家庭が多くなってきています。そうした密着型の家族は親子関係がうまく機能しているのかと考えたくなるのですが、意外にも、子どもが何を考えているのかわからない、子どもの受験や進学については何でも知っているにもかかわらず、子どもが育つということはどのような道筋かは知らないという悩みがあるというのです。日本では、伝統的に幼い子どものことを「ヤヤ子」と呼んできました。その言葉の由来は、幼い子どもはなかなかわかりがたいものという「ややこしい」からきているといわれています。子どもが幼ければ幼いほど「ややこしい」ものとして、そのややこしさを愛《いと》おしむために「ヤヤ子」と呼んでいたようです。そのややこしさから逃れ、動物へ癒しを求めてペットが増えているとは考えたくはないのですが、めんどうなことや煩《わずら》わしさを避けた人間関係に向かう人々が出現してきたとしたら寂しい限りです。ドイツでは、子どもを授かると「天から与えられた謎」として、子育てを一種の謎解きのように楽しむと聞いています。「天から授かった宝物」と考える日本では、宝物ではない、ややこしいものではと感じた瞬間、何かが起こっているのでしょうか。

13ページの「少子化と幼児教育」でもふれましたように、最近、保育所・幼稚園に入園してくる子どもたちの中に、他人と手をつなぐことを嫌う子が見られるそうです。また、ある小学校では、入学したばかりの子どもの中に、みんなといっしょに給食が食べられない子がいて苦労したという話を聞きました。自分の周囲で「くちゃくちゃと楽しく食べる仲間の姿」に泣き出す子もいて、しばらく保健室や校長室で「ひとりで食べさせる」こともあったそうです。また、子どもたちがどうも昔と違ってきた、いろいろと気がかりなことが多くなった、遊びにさえ意欲があまり感じられない子が増えている……などが盛んに聞こえるようになってずいぶんたっています。

ところが、今や状況はさらに進み、そうした子どもたちに生じている問題と重なり合うような問題を大人たちもまた抱え込むようになってきています。

現在の人間は、明治時代なら一年間かかって得た情報を一日足らずで受け取るといわれています。それほどの変化に巻き込まれれば、大人も子どもも影響を受けざるを得ません。こうした激変の中では、子どもも大人も同じように翻弄されているということでしょう。

ですから今、目に見えてきた問題の解決を子どもだけを見て考えることは無理があるのです。何をするにも親子でという家族が増えたと、先にふれましたが、それをもって家族としての結びつきがしっかりしたとは言い切れないものがあります。「子育てがわからない、子どもへの接触のしかたがわからない」という親もまた増えているからです。家族単位の行動の範囲や時間が増えることは、核家族という小さい枠内から踏み出ない、出せない結果にすぎないという側面を持っています。社会という大きな人間のコミュニケーションとつながらないままで紡ぎ出される稠密《ちゅうみつ》な関係は決して心豊かなものにはなりません。

そこに情報が多量に降り注いできます。その結果、子どもの進学の道筋はよくわかるけれど、子育ての道筋がわからないということになるようです。進学の道筋は、塾の選択など、いわば情報よりにかかわることであり、子どもがわかるということは子どもの引き起こす現象を見る目を持つことです。それができていないのですから、家族としての機能を果たしていないといえるのでしょう。

文部科学省の調査で不登校がやや減少してきたことがわかったのですが、依然として小中学生合わせて12万6千人との報告があります（平成20（二〇〇八）年度）。調査の中で、不登校から再び学校に行き出した理由の中に「家庭が楽しくなった」からという答えがあります。もちろん、不登校にはさまざまに異なった背景があるにちがいありません。

しかし、この答えは、子どもたちにとって家庭が「楽しい」ところであることの意味の重要さを示唆しており、また家族として機能していることの大切さの示唆でもあります。子どもの変容をなんとかしようと手だてを考える大人自身がまず変わる必要があるのではないでしょうか。まさに、少子化についても同様な事が指摘できるのでは、と考えてみました。

第Ⅱ章

●わたしたちに欠けていることは…

子どもを本当に
わかろうとしていますか？

～ 子どもの遊びの世界を大切にしてこそ育つ、
生き生きとした子どもたち ～

●Ⅱ―①

園長先生の変身

幼稚園の園長と小学校の校長を兼任されている先生からのお話です。

幼稚園に行くといつも、突然、遊びをやめてストーカーのようにその先生の後ろをくっついてくる男の子がいたそうです。その先生は、やめてほしいと思うのですが、あまりにしつこくついてくるので何かあるのかなと思い、「どうして、あの子はくっついてくるのかな？　さっきまで自分で遊んでいたのに、私が来るとすぐにそばに寄ってきて、まるでストーカーのようだね」と、幼稚園の先生に尋ねたそうです。それに答えて「園長先生は、愛されているのですよ」と言われたといいます。

先生は、そのときは「そういうことかな」と思っていたのですが、道路を挟んだ向かい側の小学校に帰るまで、その子はじっと見つめているといいます。小学校に帰り姿が見えなくなると、また自分の遊びに戻るそうなのです。次の日も、また、その次の日も、幼稚園に行くと、その子がくっついてくる。そこで、「きみ！　せっかく、楽しく遊んでいたのだから、先生が来たからといって後ろをくっついてこなくていいんだよ」と話すと、「先生！　校長先生は園長先生で、園長先生は校長先生だろ？」と、聞かれたそうです。

それは、どういう意味なのかと聞くと、「いつも、あの道路の何歩目から園長先生になるのだろう、園長先生になるのがなかなかわからへん。ずっとくっついて見ていても、小学校に帰るときに校長先生になると思って、どこで変わるんだろうと見てるけれど、ぜんぜんわからん」と言ったそうです。校長先生から園長先生への変身がいつなのか、知りたい！　と一生懸命についで回ってみているのだけれどわからなくて、ということだったのです。その先生は、園長から校長へ、校長から園長へなどと、今考えれば、恥ずかしいことながらまったく考えたこともなく、兼任の仕事を無難にと思って過ごしていました。ところが、その子の話を聞いてからは、「今日は三歩目から、いや、一歩目からきちんと園長になりきろう」と日々意識するようになったそうです。すると、不思議なことに、その子がくっついてこなくなったのだそうです。たぶん、私がいつ変身するのかがわかったのではないでしょうか、とその先生は笑いながら言われていました。また、「子どもって、そういうことがわかる世界に存在しているのですね。真摯《しんし》に子どもの姿を受け止め、大人の論理でごまかそうとしてはいけませんね」と、深く感動されていました。

この話は、子どもの知的世界の特性にあらためて気づかされます。巷では、学力の低下がいわれています。中でも、子どもたちの「考える力」と「意欲の喪失」が問題となっています。子どもたちの考える力や意欲は、子どもたちの気づきやこだわりに「決定的に付き合う」ことなしには開くことができません。その基盤が、幼児期のたわいのない興味や関心の世界に真剣に付き合うことにあることが忘れられていないでしょうか。知的な世界が、文字や数だけという狭い世界だけに押し込められ、学力という言葉さえも知的な世界と同等の言葉になって、子どもたちの考える力や意欲を減退させていることに連動していることに、私たち大人は気づいているのでしょうか。

見せかけの子どもたち

園や学校においても、家庭においても、子どもたちの「はったつ」を、単になにかが「できる」とか「わかる」とかいうことだけでとらえる傾向が広く見られます。私は、保育所・幼稚園に入園してくる子どもたちの物の見方、感じ方の中にも、「できる」とか「わかる」だけを行動規範とする傾向が年々浸透していっているのを見て、既に幼児期から「はったつ」がゆがめられていることを実感しています。彼らをそこに追い込んでいるものは何なのかを問いつつ、真の「子どもの世界」を考えてみたいと思います。

わが子に向かって「おかあさんは、あなたのことを思ってこんなにがんばっているのよ」とか「あなたを将来とも、何不自由なくしてあげたい」という親が過去のどんな時代よりも多くなってきています。このような親は、とてもまじめで、子どもに親切で、子どもにかかわるすべてに真剣です。勉強部屋。高価な机・オモチャ。欠かさず出席する保護者参観日。入学試験にもついていきます。中には息子の就職した会社に「息子をよろしくお願いします」とあいさつしに行く親もいると聞きます。

確かに、「あなたのことを思って、こんなにがんばっている」ですが、その熱意は時として知的な面での早期の教え込み、詰め込みに傾きがちです。また、情緒的な面においても、「かわいそうな人には親切にするのよ」といった言い聞かせで思いやりの心を育てていこうと思い込みがちです。しかし、それは「こういうときはこうする」といった、反応の型をつくるといういわば「こころ」

の知識化を促すものでしかありません。うれしい場面、悲しい場面、きれいな花に深く感動する「こころ」は、知識によって切り開いていく「こころ」＝（知識化された「こころ」）とは明らかに違う側面なのです。深く感動する「こころ」は、外から何かを与えられることによって育つのではなく、みずから能動的に働きかけることによって育ちます。何かを入れていくことで膨らんでいくのでなく、揺り動かされ、あるいは揺り動くことによって、その振幅の大きさで育つのです。

ところが、知識化された「こころ」や教え込まれた知識の統合を「はったつ」と見誤ってしまうと、ここのところが見えなくなり、気づかないままに子どもの生活や感性を奪い続けることになるのです。子どもの内面から創り出されてくる世界だけが、こころを育てる基盤であると考えるべきでしょう。「できる」ということを「はったつ」として無条件によしとしてしまうと、その立場から見えてくる子どもの姿は、とにかくある目標に向かって到達させてやらなくてはならないものでしかなくなります。しかし本来、「はったつ」とは、生きることの裏づけであり、生きる意欲を持つことに支えられているべきなのです。子どもにとっては、自己の充足と開放の積み重ねのはずです。まさに「あそび」と同意語なのです。さて、私たちの周りを見渡したとき、「あそびの世界」に浸り切った子どもたちを何人見ることができるでしょうか。

今私たちの目の前にいる子どもは、大人が、すべて人工的に作り上げた「見せかけの子ども」・「幼い大人（真に子ども時代を持たない）」の可能性があります。ひょっとすると現在どこにも本当の子どもはいないのかもしれません。

●Ⅱ－③

「育つ」ことへの働きかけ

先日、ある方の家を訪れたときのことです。部屋に案内されると、ひとりの女の子が部屋の隅で無心に絵を描いていました。無心に絵を描いている女の子に近づいて見ると、その子どもの絵には、お日さまが３つ描かれているのです。そこに、お母さんが入って来られ、その絵を見て、「どこにお日さまが３つもあるの？　うそを描いたらダメでしょう」と優しくたしなめられたのです。おそらく、お母さんは、その子がふざけて描いていると思われたのでしょう。

私は、少し困ったようすの女の子にさりげなく「たくさん、お日さま描けたね」と話しかけてみました。すると、その子は「お部屋が寒いの……」とこたえたのです。その日は、とても肌寒く、家の中にいても寒さが伝わってくる思いがしました。その女の子は、部屋がとても寒く感じたので、お日さまが３つくらいあったら、もっとポカポカ暖かくなるだろうなと考え、描いたのでした。「暖かそうだね」と言うと、「ニコ～ッ」と笑ってくれたのです。

最近、ある画家の代表的な作品の中に、『足が８本ある犬』の絵があるという話を知りました。チョコチョコと小走りする犬のようすを、４本ではなく、８本の足で表現したのだそうです。子どもと画家とでは、立場は違いますが、子どもたちが育つことに対して何をしたらよいのか、働きかけとしてどのようなことをしたらよいのかを考えさせられるでき事でした。

お日さまがたくさんあることが、部屋を暖かくするのではないかと「気づく」心と、太陽はひとつしかないのだと「わかる」心との距離を急ぎ詰めなければならないことが、子どもたちへの「しつけ」ということなのでしょうか。「しつけ」の中身とはどういうことなのでしょうか。今一度先のでき事を通して考えてみましょう。

この流れとしてまず「聴く」ということがあります。「きく」には、他に「聞く」「訊く」がありますが、「聞く」は、聞こえてくるという受動的な意味が強く、「訊く」は、訊ねる・訊問するという意味になります。「お部屋が寒いの……」というツブヤキをとらえるには、積極的に子どもに向かって心を傾けて「聴く」という、子どもの心に残る聴き方が必要です。

次に子どものあるがままを「受け入れる」ことが大切ではないでしょうか。大人は、お日さまといえば、必ずひとつと考えます。正しいことを伝えることの大切さは、子どもたちと接していると常に直面する問題です。しかし、時には異なった価値を「受け入れる」ことも「しつけ」にとって大切な中身なのです。

最後に子どもの「心の流れに沿う」ことです。子どもたちは、思いもよらないことを発想したり、時におとなを驚かせることがあります。「お日さまはいくつあるの？」と訊ねることと「お日さま、たくさん描けたね」との間には、大きな距離があります。子どもの「心の流れに沿う」とは、子どもの心に「共感」することです。

つまり子どもの世界を知るためには、子どものなにげない「ツブヤキ」をしっかり受け止めることではないでしょうか。

●Ⅱ—④

レモンの実験

本来、子どもたちは心からやりたいと思うことを存分にし、大人から期待され、強要されることは少しだけするか、ほとんどしません。こうした子どもの態度は、「わがまま」「やんちゃ」と見られますが、子どもにとっては本質的な行動であり、大人の指示を無視しても、本当にやりたいことを優先させることで、個性的な発育の芽をみずから育んでいると同時に、子どもたちの世界を広げているのです。

トモキ君はある朝突然、母親にレモンを買っておいてくれるよう頼みました。何のためか尋ねても、「うん、まあ」というだけなので、いぶかしく思いながらも、彼の言うとおり4個のレモンを用意したのだそうです。学校から帰ると、カバンを置くのももどかしく、レモンを確かめると、トモキ君のいう「実験」が始まりました。その日、第一日目、家の周りを走り、近くの坂道を何度も行ったり来たり、夕方にはすっかり汗をかき、疲れて帰ったトモキ君は、レモンをひとつかじって風呂に入りました。第二日目、前日と同様に、夕方、汗をしたたらせて帰ってきたトモキ君は、レモンを持ってお風呂に飛び込み、お湯の中でレモンをかじっていました。こうして風呂あがりにレモンをかじるのが三日目。四日目に、風呂からあがって時計をにらんでいたトモキ君は、きっちり十五分後にレモンをかじり、用意した4個のレモンはなくなりました。ところが、トモキ君は納得いかないような顔で「わからへんな〜」とつぶやいています。最初の日から、何を始めたのかと思いながら、見続けていた母親は、トモキ君の「わからへん、どないしょう」という言葉を聴いて、とうとう何をしているのかを尋ねてみました。

彼は、全校キャンプの班のリーダーに選ばれていました。先生からリーダーの心得のひとつとして、班仲間の健康に気を配ること、特に低学年もいっしょであるので、疲労については注意するよう指導されたのでした。トモキ君は疲労回復にはレモンがいいのだと、どこかで聞いて知っていました。そこで、最も効果的にレモンを使うのはどうしたらよいのかを知るために、トモキ君の「実験」、すなわち、自分が体験して納得しようとの試みがなされたのです。ところが、4つのやり方には明確な差が出なかったので、判定を下すことができず、困り切ってしまったというしだいです。

トモキ君の実験は、子どもの心身の成長にとっては貴重な意味を持っています。この実験は彼がみずから思いつき、やりたいと考えたものです。学校から帰るなり一刻も早く取りかかりたいことが待っている生活の充実感を味わうこと、つまり、みずからが望むことをどれだけやったかということは、将来、どれだけ自主的な選択や創造的な生活ができるかということと深くかかわっています。ところが、心と体の成長のあらゆるポイントの加速度的に上り始める幼・少年期においては、「やりたいこと」の範囲が広がりますが、一方で「やるべきこと」の要求も増加します。この時期には「やりたいこと」を思い切りやるのに、「やるべきこと」を無視してではなく、克服することで、自分の時間に組み込んでしまえるようになることが成長の大事な過程となるのです。そのためには、今一度遊びの世界の子どもたちを見直してもらいたいものです。

●Ⅱ－⑤

あそべる？

「きょう、あそべる？」

「あかん、ピアノの日」

「きょう、あそべる？」

「わからん、おかあちゃんに聞いてみる」

「きょう、あそべる？」

「ともこちゃんと、もう、やくそくしたもん、だめ！」


これは最近、ある幼稚園でのお帰りのときに見た子どもたちのようすです。

遊びの予約という問題は、数年前から各地で見られるようになったきたものです。ただし、それは小学生たちの間に起こったことで、お昼近くになると『放課後の遊びについて「予約」の取り付けが始まる』というものでした。塾やおけいこ事で忙しく予約しないと友達がお互い合う時間がつくれないという、子どもたちがしかたなく編み出した苦肉の策だったのです。

しかし、この「予約ごっこ」ともいえることが保育所・幼稚園に通う子どもたちにまで浸透してきたことを実感させるでき事に出会うとき、幼児期の遊び世界の様変わりに驚くとともに、先の「会話」に人間関係をも狭くしているのではないかという不安がよぎります。というのは、「きょう、あそべる？」と尋ねる子どもに、「もう、やくそくしたもん、だめ」という答え方が出てきているからです。

遊びの楽しさは、近所で、たまたま出会った仲間と「あそぼう？」というところから始まり、思いもつかない驚きや体験、また友達のよさが発見され、人間関係の幅も広がっていくことにありました。ところが、この予約ごっこは「あそぼう？」ではなく、「あそべる？」と呼びかけます。「あそぼう？」から「あそべる？」への変化は、何を意味するのでしょうか。「あそぼう？」には子どもたちの遊びへの執着が見えますが、「あそべる？」には遊びへの希薄化とともに、子どもたち自身による人間関係の忌避も感じさせるものがあります。

そのうえ、最近では家庭で子どもに「外で遊んできなさい」という言葉も聞かれなくなってきました。それに代わって、家でのひとり遊びが多くなってきています。つまり、予約できなかったことによって、玩具が山ほどある部屋にこもってしかも退屈を知らない子どもたちがつくられつつあるのです。子どもの成長にとってひとり遊びもなくてはならないものですが、そこでのひとり遊びは、微妙に意味合いを変えているように思えます。そこでの遊びが何に従っているかというと、テレビなどの流行に押し流されている可能性があるからです。自由に仲間遊びができないというのは、子ども社会にとって一番の危機です。

遊びの楽しさの源泉は、何よりも自由であることにあります。それが、「予約」という大人社会の通念が子どもの遊びの世界にまで持ち込まれ、遊びそのものの管理だけでなく、遊びの楽しさまでも管理されているのではないかと思いませんか？

●Ⅱ－⑥

「水」と「土」と「太陽」

新生児から1歳半ごろまでの子どもには、母親の「ぬくもり」と「肌触り」が、心の成長のために必要だといわれています。1歳半を過ぎた子どもは、その母親から離れて、戸外に出て遊ぶことを好むようになります。太陽の下での水遊び、土いじり、泥んこ遊びに熱中する子どもは、まちがいなくじょうぶにたくましく育ちます。子どもにとって、「水」と「土」と「太陽」は、心と身体の成長の三大栄養素なのです。ところが、最近では子どもの数も少なく、それだけに大人が子どもをよく見つめることになり、余計なことまでもいろいろ目についてしまっています。子どもはちょっと表へ出ていったと思ったら、もう汚して帰ってきます。今着せたばかりの服も、すぐに汚してしまう。それをつかまえて、お母さんたちは「こんなに汚してしまってだめね」と眉をしかめます。それだけにとどまらないで、「泥だんごなど作って遊ぶのやめて！」「もっと、キレイな遊びをしなさい！」と思わず言ってしまいます。

衣服が汚れるとか、顔や手足に泥がつくといって、また戸外では危険がともなうからと子どもを少しでも異常の無い状態に固定することばかりに目が行きがちとなり、子どもの揺れ動きのできる場こそ、子どもらしいコミュニケーションの場であることも見えてこなくなります。

子どもたちが砂場で遊んでいます。そこを通りかかって、なに気なくようすをのぞいていると、ひとりの女の子がトコトコと私のところへやって来ました。「おだんご！」――そういって、砂をいっぱいに詰めたアイスクリームの容器を差し出してくれます。「ワアーおいしそうだね」——と言って食べるようすをすると、女の子はとてもうれしそうに、次からつぎへといろんな「おだんご」をつくっては、私に差し出してくれるのです。

わずかな時間であっても、心のふれあうときを持つと、子どもは、その小さな時間と空間の中に、子どもたちの持つ独自の世界を開いて見せてくれます。「おだんご！」と差し出されたとき、ほんの一瞬でも、「これは、土だ、単なるママゴトだ」とためらってしまうと、子どもたちは、もう二度とその心を開いて見せてくれようとはしません。日常のなかの、大人にとってはほんとうになんでもない事柄に、子どもたちにとっては非常に意味のある世界が開けているのです。

●Ⅱ－⑦

あんな子・こんな子がいるよ

・子ども「土木博士」

秋になると、「イレテネ」「○○ショウ」と仲間入りの言葉がさかんに使われるようになり、虫を見つける、草を引っ張る、石を拾う、子どもたちは活動をどんどん広げていきます。

砂場では、砂山の上から水を流すことを見つけます。水はあちこちに流れて砂場の周りは泥だらけになります。子どもたちはどんどん水を流し、流れは土提を作って川になります。バケツで水を流す子どもが出てくると、土提は壊され、修理が始まり、拾ってきた石を砂に埋める大工事へ発展します。りっぱな子ども「土木博士」の誕生です。拾い集めたり、造ったり、壊したりする遊びの中には、科学する芽、創意工夫、創造性が込められており、これらは夢中で遊ぶことで子ども自身がしぜんに獲得するものです。

・「わたし」と「わたし」のぶつかり合い

一方、そこでは「砂をかけたり、かけられたり」「物の取り合いが起きたり」、ささいなことから盛大な「けんか」が始まったりします。それは、「自分の思っていること」をいう、「欲しいものは欲しい、いやならいや」という子どもたちの自己主張が、園という新しい生活の場の中でもようやくできるようになってきているからなのです。

主張し合う「わたし」と「わたし」のぶつかり合うことから、いろいろな「きしみ」が生じるのです。

しかし、それを体験し、通り抜けることで、子どもは別な「わたし」の存在を知り、自分のやりたいことを、いつまでもかってに自由にできるのではないことを学びます。つまり、「けんか」は、子どもにとって社会的にとても大切な「出会い」なのです。やがて、本当の社会性、本当の子どもの集団生活が生まれるための第一段階ともいえるでしょう。最初から、かってなことをしてはいけない、おとなしくしましょう、というようなワクに子どもをはめ込んでいくと、「わたし」という主体性が育つのは難しくなります。

・友達っていいなー

望ましい行動が自発されるたびに、見逃すことなく賞賛することが大切です。しかし、最終の目標は賞賛されなくても、進んでそれができるようになることです。そのときの最も大きな動機になるのが「友達が好き!」ではないでしょうか。

子どもがだれかの悪口を告げたとしたら、「その子によいところはないの?」と相手のよいところを認め、好きになるコツを教えていきたいものです。こうした「告げ口」などをそのまま聞き入れていると、人間関係にとって大切な心の動きが見えなくなってしまうことがあることを銘記しておかなければなりません。

●Ⅱ―⑧

雨はなぜ降るの……？

外は雨。園庭に出て遊ぶこともできない。子どもたちは、うらめしそうです。

「雨はどうして降るのでしょうね」と先生。

「カミナリさんがおしっこをしてるんだよ、きっと」トモキくんが答えます。

「うわーっ！　きたない、いやだ！」雨だれに手を出していたユウコちゃんは、トモキくんの答を聞いて急いで手を引っ込めました。

「うわーっ、おしっこやて！」みんなが笑います。

そこへ、「雨はカミナリさんがふらすんじゃないよ、ねえ先生！　雨は蒸気が空にのぼっていって、また落ちてくるんやで」と物知り顔でダイゴくん。

「よく知っているね、蒸気って、なに？」と先生がダイゴくんに尋ねます。

「わからへん、でも蒸気なんや」と「よく知ってるね」の先生の言葉に得意げです。

幼児期は、「雨はカミナリさんが降らす」と生活を取り巻くあらゆる事物に生命があるようにとらえるとともに、少しずつ、そのような答えでは満足しなくなってもきます。確かな答えを得ようとする認識の世界と、ファンタジーの世界を自在に行ったり来たりできる時期といえます。子どもの生活経験の中に「童話的な見方」と「科学的な見方」が矛盾なく混在しています。

ところが、私たちはともすれば、この子どもの両面世界を取り上げて、例えば童話的見方には

「子どもっぽく、幼稚」、科学的見方には「よく知っていて、賢い」という評価をしてしまいがちではありませんか。確かに、ひとりひとりの子どもの発達段階に応じて指導すべきことは指導されなければなりません。しかし、幼児期にとって最も大切なことは、「子どもが子どもであることが許される世界」にいられることです。「雨はどうして降るの?」ということについても、科学的な見方にしろ、童話的な見方にしろ、まず、子どもには子どもの雨が降ることへの「感動」があるはずです。その心に感じたもの、新しい驚きを引き出すことが子どもを最も大切にすることになるのです。自然事象についての見方も「よく知ってるね」ではなく、その前にある心の動きを受け止めるようにしたいものです。

子どもたちにとって自然は、かけがえのない遊び場であり、学習の場です。自然の動き、営みに驚き、感動する。実際に自分の目で見、手で触ったひとつひとつの感動が、子どもたちの心を成長させているのです。

子どもが子どもであることが許されることへの大切なパスポートは、「きょうも　楽しく遊べた?」ということばがけです。子どもたちは、毎日、自然の動きや営みに驚きながら友達との遊びに楽しさを見つけだそうとしています。「きょうは、何を習ったの?」と、毎日のように尋ねられると子どもたちは大変困ってしまい、楽しい園生活どころではなくなってしまうのです。

●Ⅱ－⑨

先生や親の意図と子どもの課題

年長組の保育室では、タライに入ったカメを前に先生が楽しそうに話をされていました。

「このカメ、隣のクラスから借りて一週間になるね。毎日見ているうちに、最初こわごわだった友達もすっかり仲よしになったね」。やがて先生が

「隣のクラスのお友達がそろそろ返してくださいと言ってきました、みんな、どうする?」

と話を展開されました。

A「あかん!」

数人が同調して「あかん、さびしい」と口々に言い始めたのです。

先生「でも、隣のクラスのお友達もさびしいって!」

D「いいこと、思いついた! カメいなくなったって、隣のクラスに言うたら……」

先生「でも、ここにカメいるでしょう、ウソはだめ」

E「わたし、かくしたらいいとおもう、わからへんところに」

先生は内心慌てたようすでしたが、気を取り直して落ち着いた口調で言われました。

「カメさん返しても、いつまでもみんなと友達になれることないかな?」

ひとりの男児が、先生の立っている後ろに絵の具が用意されているのに気づきました。

F「そや! 絵の具や!」

先生「絵の具をどうするの」

Ｆ「先生、ぼくたちのカメさんを描かせたいんでしょう?」

結局、子どもたちは先生の意図したとおり、カメを描くことで、いつまでも心の中でカメさんと友達でいることにしようということになったのでした。

描画だけでなく、遊びや活動の多くは、子どもたちのしぜんな興味から出発しなければならないと、親や教師は考えています。だから、子どものために図鑑を用意したり、絵本を読んだり、この事例のように「カメ」を借りたりして、子どもの興味を喚起させたり、その振幅を広げようとしています。

しかし、子どもの側に立った興味ではあっても、先の事例のように教師や親が認めない場合もあり、結果的には教師や親の想定した意図の側に導かなければならないことも多々あります。

ここでは、この先生が「何を描かせたいか」ではなく、「どうして描きたいのか」を大切にして、いろいろな活動の場を設定されていることに注目していただきたいのです。

つまり、私たち大人は、結論や結果のでき上がりにばかりにとらわれ、「カメさえじょうずに描いてくれればよい」と考えがちになります。しかし、子どもの世界を豊かにするために忘れてならないことがあります。それは、子どもの心にゆったりと寄り添い、子どもたちが「ぼくたちのカメ」と一生懸命になっていく過程が大切だということなのです。

●Ⅱ－⑩

子どもを大切にするとは？

デパートのおもちゃ売り場にいくと、まずそこに並んでいるおもちゃの多彩さと豊富さに驚かされます。それぞれが子どもの目や心を奪おうときらきら輝いています。子どもたちにとってなんと恵まれた世の中になってきているのだろうと思いたくなります。

しかし、子どもたちは本当に恵まれ、大切にされ、幸せなのでしょうか。

ちか「先生クワガタくっつけるのボンドでいいんか」

先生「……？……」

「ボンド……？」

ちか「あんな、ほれ……」

（クワガタの首がちぎれているようすを見せる）

先生「エー、クワガタの首取れちゃったの？」

ちか「うん。あんな、下は生きているんやけど……、顔は死んでるん」

先生「顔死んでるん？」

（びっくりして）

「ボンドでつけてあげるん？」

ちか「だって顔は死んでるけど、足動いているもん」

先生「ボンドじゃかわいそうだから、そっと寝かせておいたら……お顔もそっとくっつけておいてね」

園にやって来ると、子どもたちはザリガニ・クワガタムシ・カタツムリ……など小さな生き物と一生懸命遊びます。その中で偶然に起きたでき事でした。良い・悪いという判断なしに見てみましょう。そこには、子ども自身が考えること、試しにやってみること、うまくいくかどうか挑戦してみることなど、とにかく、子どもが子どもであることが許される自由な「謎の空間」と時間的余裕が感じられませんか。「子どもを大切にする」ということは、だれもわかるような気がしていますが、案外難しいものです。子どもを大切にするということは、子どもが子どもであることが許される、つまり、子どもをひとりの生活者として見つめ、そのひとりひとりが持っている自由な生活の空間や時間を認めるということです。

豊かさにまかせあふれるほどの《物》で取り囲むこと、朝起きてから寝るまで、顔を洗う・衣服を脱ぐ、着る・食事をするなどに「早く、早く」と追い立てることが、最善ではないとわかってはいても、《物》に不自由させないこと、しっかり「しつけ」をすることは、やはり親の愛情表現と思ってはいないでしょうか。確かに、そうしたことは子どもの成長・発達に大切な意味を持っています。が、同時に彼らの敏感な心は、そこに「管理」のかげりを感じてもしまいます。子どもが自然体で繰り広げる「謎の空間」での自由な発想の生活をきちんと見届け、子どもの世界のわずかな揺るぎも感知・共鳴できるしなやかな心を持って、子どもと同じ時間を流れていきたいものです。

●Ⅱ―⑪

ボクハ　ロボット

保育所・幼稚園に通う子どもたちは、しばしば保育室において「おうちごっこ」をします。大人へのあこがれと期待なのかもしれません。その「ごっこ遊び」では、登場する親は、なぜかいつも口調が命令的でいばっていることが多いことに気づきます。もちろん、家庭における親の姿をそっくりまねているのだとは思いません。しかし、少なくとも子どもたちがとらえている父親や母親への思いの一端を表現していると考えられないでしょうか。

「家では、おしゃべりが大好きなのですが、保育園ではひと言もしゃべらないのです。どうしたらよいでしょうか」と、県内の少年センターへ相談がきました。相談者である母親の話だと、園以外ではとても元気な男の子で、保育園に通う道々、あちこち寄り道をして近所の犬にも「バイバイ、行ってくるよ！」と話しかけたりするのだそうです。ところが、園に近づいてくると「身体を固くし、黙り込んでしまう」ということでした。この状況を聴く限りでは、「場面緘黙《かんもく》」の症例を思い浮かべます。場面緘黙とは、広義には言葉を発しないことですが、特定の場所・特定の人物に対してだけ選択的に出現し、家庭内では、語彙・構文・発語の自発性などは、まったく健常児と変わらないといわれています。

早速、その坊やに会うことになりました。いろいろな種類の人形や自動車などのおもちゃを用意し、遊んでもらいながらの面接を始めました。彼は、次から次とおもちゃを触り、実に楽しそうに遊ぶのです。しかし、細かく観察していると、絶えず何かつぶやきながらおもちゃを動かしています。中でも、家のような模型を作り、そこに人形が近づくとはっきり「ロボット、ロボット」と聞き取れます。しかも、その模型の近くは、消防車などが囲んでいるのです。

「ロボットって、何?」と聴くと、「ボクハ　ロボット」とこたえます。つまり、彼の遊ぶ姿や話から、彼は「園ではロボットにならなければいけない」と考えていたようなのです。母親が、「保育園ではキチンとして、先生のお話を聞くときなんかはロボットさんになっていなければ、怒られるのよ!」と何度も入園前から聞かされ、保育園は「恐いところだ」と思い込んでいたのでした。だから、「ロボットは、鉄で身を固め、口もきけないけど、強い!」と考え、園に近づくと彼はロボットになり急に黙り込んでいたのです。彼が黙っていることの理由がわかってしまうと、「何だそんな簡単なことだったのか」と笑い話になってしまいそうですが、はたしてそうなのでしょうか。

最近の登校拒否の子どもたちの中に、学校は戦場だと考え、「いかに自分がつぶされないか、そのためには自分はどのように武装するかという、心の作業をして、自分の身を構えないと登校できない」と思い込んでいることもあるようです。先の坊やも、このような心の作業をしているとは考えられませんが、毎日「きょうは、何を習ってきたの? 先生に、なんて言われたの?」などと聞かれると、いつのまにか保育所・幼稚園といえど「戦場」に思えるようになるのかもしれませんね。

●Ⅱ—⑫

コミュニケーション

先年、オーストラリアに行く機会に恵まれ、現地の幼児教育関係者との交流を深めることができました。

ご存じのとおり、オーストラリアはたくさんの国々から移民を受け入れています。各州の移民局では、幼児教育を通してオーストラリア文化の浸透を図っているということに大変興味をひかれました。訪れたのは、日本で保育所にあたるDAY　CARE　CENTERです。そこは、建物と定員には厳しい法律が科せられていました。

トイレは、教師が園のどこにいても見えなければならず、しかもすべて透視のガラスが使用されなければなりません。個人の自由とプライバシーに厳しいお国柄にもかかわらず、子どものトイレ姿が素通しで見えることに不思議さを感じ、その点を質問すると、「トイレはだれもが使用し、大人になれば大切な見えないコミュニケーションの場となります。常に他者への優しさを意識し、きれいに使うことを厳しく指導することで見えないコミュニケーションを育てているのです」と答えられました。日本でもトイレ指導は大切にしているけれども、密室的な要素があり、他者を大切にするためのコミュニケーションの場を育てるという視点に欠けていることを知らされました。

定員の点でも驚かされることがありました。一日に園に来れる子どもの人数に制限があります。つまり、総定員は300人になったとしても一日に来られる人数は、常に67人と決まっているのです。

日本では、総定員と一日に来られる人数は同じなので、毎日、３００人が園にやって来ることになります。ところが、オーストラリアでは、毎日67人は園にやって来るのですが、いつも同じ仲間ではありません。多くやって来る子どもでも週三日、一日の子どももいれば、二日の子どももいるので毎日違った集団構成になります。通園日数の決定権は保護者にあり、その判断基準は子どもの集団への参加能力とコミュニケーション能力にあるのだそうです。集団への参加とコミュニケーション能力の獲得は個人の自由になれる基礎であり、その基礎能力こそが他者を大切にし、ひとりひとりが解放される力になるというのです。したがって、仲間遊びの弱い子や子ども同士のコミュニケーションが弱い子は、保護者が判断して週三日、園にやって来ます。保護者が、自分の子どもをしっかり見つめ、コミュニケーションが取れていると判断した場合は、週の内一日か二日のみ園にやって来るようです。

日本では、毎日全員がそろって園にやって来ます。そこで、私の驚きとは逆に「なぜ、日本では毎日園に行くのですか？　コミュニケーションが弱いのですか？」と尋ねられ、答えに窮してしまいました。幼児期の集団生活が大切であるとして今や１００％に近い子どもたちを集団施設に毎日通わせていますが、保護者は自分の子どもの何を見つめ、何を期待しているのでしょうか、また、教師は何を引き受け指導しようとしているのでしょうか、日本における幼児教育のあり方や家庭とその責任について考えさせられる旅でした。

●Ⅱ－⑬

子どものいのちが輝くとき

戦後六十余年、私たちはいつも豊かになりたい、豊かになりたいと歩んできました。豊かになる—そのことだけを追い求めてきたといっても言いすぎではないくらいです。ところで、はたして私たちは、どのくらい豊かになることができたのでしょうか。そして、その「豊かさ」は、私たちに何を与えてくれたのでしょうか。今や、私たちは、毎日毎日、あふれかえる物の洪水の中にあって、「豊かさ」に埋め尽くされてしまっています。その結果、子どもだけでなく、大人自身、真の意味で「豊かに生きる」ことがどういうことなのか見えなくなってきているのではないでしょうか。かつてないほどの「豊かさ」が出現したことによって、今日の家庭・学校（園）・地域社会は、ある変化を余儀なくされ、そのことが子どもの生活に対しても大きな影響を与えています。

2歳になる男の子が、団地の中にある公園の砂場で窒息死する事件がありました。いっしょに遊んでいた子どもたちに砂を飲まされたのです。この事件は、子どもたちの「いのち」とか「生きる」とかいうことが、豊かさの中で気づかれないまま阻害されてしまったものが、はっきりとひとつの形を取ったと考えてもよいのではないでしょうか。

子どもたちを取り巻く環境の変化の要因はさまざまにあります。とりわけ、豊かさゆえの自然環境の変化は、質・量ともに、決定的なものになっています。原っぱ、空き地、道路など、身近な遊び場を子どもたちは取り上げられてしまいました。代わりに与えられたものは、児童公園でした。

確かに、失っただけの広さと空間は、大人の手で確保されました。しかし、問題はそういうことではありません。

子どもたちの「生活の場」の中には、必ずしも整ったものばかりではありませんでした。「無秩序なもの」「未知なるもの」に、子どもたちは自分の手で触れ、自分自身で覚え込んでいく毎日だったのです。

ところが、そうした体験をも失うことになってしまった結果、子どもたちは、目の前にあるものがどういうものなのか、例えば、砂を食べたり、飲んだりするものではないことすら認識できなくなってしまった。さらに、ひとりの人間の「いのち」が目の前で消えても、気づくことができなくなってしまっているのです。

子どもたちは、毎日砂場で遊んでいながら、感覚を通して砂を砂として認識することができなかった、自分の感覚を砂に対して閉じてしまっていたのです。これは、子どもたちがいつも自分の感覚で確かめる必要のない「豊かなもの」「安全なもの」しか与えられていなかったからではないでしょうか。この子どもたちは、豊かさを十分受け取れる生活の中で、人間的な感覚を研ぎ澄ますことを忘れてしまったのです。

いのちの温もりを忘れ、機械のようなこころを持った子どもの登場は、何を意味しているのでしょうか。「子どものいのちが輝くとき」とはどういうことなのか、今一度真剣に考えてみる必要がありそうです。

●Ⅱ－⑭

子どもにとっての快い刺激

子どもたちは、普段から食べ慣れている果物や野菜の味やにおいを、どのくらい感じ取っているのでしょうか。幼児を対象に調べた試みがあります。触覚を調べるときは、外から見えないように、幼児に対してオレンジやダイコンなどをひとつずつ袋に入れて握らせ、そのものの名前を当てさせます。嗅覚と味覚を調べるときは、ひと口ほどの大きさに切ったものを、目隠しさせてにおいをかがせたり、食べさせたりしたようです。子どもたちはゲームをやるように楽しみましたが、正答率は予想外に低かったのです。誤答の例としては、味覚ではオレンジをトマトや缶詰、触覚ではリンゴをトマト、嗅覚ではダイコンをせっけんや消しゴムといったことでした。

このような当てっこ遊びをまたやろうという子どもたちの中でひとりだけ、「もうしたくない！」と悔やしがった子どもがいます。この子は、行動もハキハキしているし、平仮名の読み書きができ、何でも知っているタイプの子だったので、ほかの子も担任保育者も、この子なら全部答えられると思っていたそうです。しかし事実は逆で、「知識は人一倍だが、生活経験が不足していて、感覚的、感性的なことが未熟だったのです」と調査者は報告しています。

これは、現代の子どもの置かれている状況が自然環境から遠ざけられ、これまで実体験することで身につけていた人間関係を含めた生活技術などが得にくくなっていることへの警告ではないでしょうか。

私たちは、多くの刺激に囲まれて生活しています。その中で強い刺激に反応する子どもたちを見て、子どもは強い刺激が好きと思われているところがあります。また、多くの刺激を与えることが発達によいと考え、赤ちゃんのころから多くの強い刺激の中に生活させることが大切とする傾向もあります。

ところが、今、子どもたちは外界に対するこまやかな「気づき」に欠け、五感の反応は大雑把で鈍く、強く激しい刺激には反応しても、弱く穏やかな刺激にはこたえないという研究者からの警告が出始めました。同時に、赤ちゃんの表情が一番軟らかくなるときはどんなときかの調査では、カーテンが風でかすかに揺らすときや、木の葉が小さく動いているときだとの報告があります。もちろん、子どもが快いと感じる刺激の幅はひとりひとり違うのが大前提ですが、強いほうの刺激により反応するから、子どもは刺激の強いほうが好きなのだと単純にいえないようです。

今は、むしろ過剰な刺激によって失うものも考えるべきでしょう。そういうと、外界からの刺激に目が向きがちですが、実は、内的な刺激、身体内部から沸き起こる小さな刺激に目を向けなければなりません。

なぜなら、外界からの刺激より、内的刺激のほうが断然多いのです。その意味で、音、光、温度、味覚、そうした刺激には粗雑としかいえない反応の一方で、大人や仲間の表情や言葉やしぐさには過激とも思えるほど反応していく子どもたちの揺れてる姿を今一度見つめ直す必要がありそうです。

●Ⅱ－⑮

やんちゃとわがまま

幼児期の子どもたちは、いかにも幼いことを言ったかと思うと、いきなり大人顔負けの行動を起こしたりという、相反するふたつの世界を合わせ持っています。夢のようなことを信じる「ファンタジーの世界」と、事実を認知する「科学的な世界」を、矛盾なく自在に行き来できるのです。

親は、しつけを早くしようと焦るあまりに、ふたつの世界の中で早変わりする子どもを理解できず、「こうあるべきだ」という形ばかりを押しつけがちです。しかし、しつけとは、子どものありのままを受け止めることから始まる「思いやりの教育」「人間関係の教育」の実現を目ざすものです。

子どもを理解する絶対的な条件は、「子どもがこうあるべきだ、このようになってほしい」ではなく、「子どものありのままの姿とは?、子どものようすはどうなっているのか?」を実感することです。角度を変えて言い換えるならば、子どものあるがままを優しく「受容」し、子どものすべてを許すことではなく理解していきながら、時には厳しく「切断」し、生きる方向をいっしょに考えることなのです。この優しさと厳しさとが「思いやり」であり、思いやりを持ったときに、初めて人は親になれるともいえるのです。

最近は、しつけを急ぐあまりなのか「やんちゃな子ども」が少なくなってきています。もっと、子どもが子どもであることが許される「やんちゃな子ども」の出現を期待したいものです。この「やんちゃ」は、「わがまま」とは違います。自分を発揮し自立でき、ルールを守り思いやりを持っている、びっくりするほどやんちゃなこともするが自分をコントロールでき、時には反省してひとりでも、そしてたくさんの友達とも楽しく遊べる子どものことを意味しています。反対に、「わがまま」とは、他人を認めず、ルールを無視してかってな自分本位の行動しか取れないことです。

やんちゃな子どもを育てるためには、大人と子どもの関係を転換しなければなりません。従来、大人と子どもの関係は、画一的に「大人が子どもに何を与えるか」という縦軸の世界でした。その縦軸から「大人と子どもが正面から向き合って」、子どもひとりひとりと「向き合えるものは何かを考える」横軸の世界へと転換することが大切なのです。

そのためには、まず子どもが自然体で繰り広げる自由な発想の生活をきちんと見届け、子どもの世界のわずかな揺るぎも感知・共鳴できるしなやかな心を持って、子どもと同じ時間を流れていきたいものです。

●Ⅱ−⑯

超自己チュウ児とドラマチスト

かつて、マスコミの紙上や映像に幼児期の心の育ちが話題に上り「超自己チュウ児の出現」という言葉が登場するようになりました。それは、幼児期の育て方からくるらしく、各家庭や幼稚園・保育所などがひとりひとりの子どもの主体性を大切にするあまり子どもたちが自由になりすぎ、幼児期の発達の特性である自己中心的行動を越え、超自己中心的なふるまいをする子ども（超自己チュウ児）が増えてきたといわれたことがありました。

その一例として、小学校一年生の算数の授業中「先生、今、算数をしたくない。砂場で遊びたい！」と言い張り、教室から飛び出したのです。その事を保護者に報告すると、「先生、もっと柔軟に指導してください。幼稚園では、自由に伸び伸びさせていただき、あの子のよさをいつも認めていただきました」と言われたのだそうです。

ここで、幼稚園・保育所と小学校の教育の違いを論じるつもりはないのですが、この事例を通して「子どもが育つとはいかなることなのか」を考えなければならないことは避けられないのではないでしょうか。

アメリカのハーバード大学の教授が、ある著作の中で「子どもたちを教育をしていると、いつの間にかパタンナーとドラマチストのふたつのタイプにわかれていることに気づく」と述べています。

つまり、子どもは学校という中に入ると無意識に安定した生活を求め、その中に安住するとパタンナーの子どもとドラマチストの子どもにわかれるが、パタンナーの子どもがとても気の毒になる、というのです。パタンナーの子どもは、一見ごく平凡で普通の生活をしているように見え、なんらの問題もないように毎日同じことを淡々と繰り返し、仲間も適当にいると見られているが、実は、その子どもの中が（内的）まったくドラマチックになっていない、ただ、ただ平凡な繰り返しの暮らしをしているにすぎない。一方、ドラマチストの子どもは、毎日、毎日自分を自分で変えていく生活をしている。そのために、教師や友達を巻き込んで変化を楽しんでいるために、時にびっくりさせられたり、驚かされたり、その行動に疑問が生まれたりすることもあるようです。

教師は、往々にしてパタンナーの子どもには気づかず、安定した暮らしをしていると見てしまい、目の前にいても視野から消えてしまっていることがあります。ゆえに、教師の構成した環境に適当にかかわり、何の知的好奇心も動かさず、ある種の時間をそれなりに過ごしていることがあるのです。ひとりひとりの興味・関心が大切にされるということは、子どもの側に全部まかせてしまう危険があり、教師は子どもに多くのリスクを背負わせてしまっていることにも気づかねばならないのです。しかし、パタンナーの子どもにとっては安定した楽な生活を選択しているので、葛藤がなく、何が育っているのかを見過ごすことが多くなってしまいがちです。教師の役割は、すべての子どもたちがドラマチストとして生活するようにしなければなりません。

超自己チュウ児は、ドラマチストではありません。教師や親は、常に何を受容し、何を切断すべきかを考えながら、真のドラマチストを育てたいものです。

教育的配慮と親切心の狭間

ある動物園では、子どもたちに自由に好きな動物をじっくり見てもらいたいと考え、従来から設置していた案内のための「矢印」を廃止したのだそうです。ところが、保育所・幼稚園をはじめ、小学校を含めた学校の先生や保護者から、この動物園は不親切だという苦情がどんどんくるのだそうです。その苦情の内容は、「せっかく遠くから出かけたのに、矢印がなかったため大好きなライオンが見られなかった」とか「案内の矢印がなかったので、動物全部を見たのかどうかわからなかった」というものばかりだといいます。

動物園では、案内の矢印を廃止したかわりに、広い場所でもあるので、それぞれのポイントに専門の飼育係の方を配置し、場所の案内と動物の説明とを含めてできるようにしたのだそうです。ところが、ほとんどの見学者は、一定の流れの中で見学しようとするのか、だれもその専門家に「ライオンはどこにいますか？」とか「この動物は見たいのですが……」などと尋ねることはないのだそうです。この動物園の園長さんは、「一日ですべての動物を見ることに、そんなに意味があるのでしょうか？」、「好きな動物をゆっくり見られる工夫は誤りだったのでしょうか？」など、少しとまどいぎみに「何だか人間が矢印病になっているような気がします」と話されていました。

園を訪れるとよく見られる風景に、「砂をかけたり、かけられたり、物の取り合いが起きたり」、ささいなことから「けんか」があります。これは、「自分の思っていること」をいう、「欲しい物を欲しい」という、子どもたちの自己主張ができるようになってきた成長の証《あかし》でもあるのです。主張し合う「わたし」と「わたし」のぶつかり合うことから、子どもたちは別な「わたし」の存在を知り、自分のやりたいことは何かを気づくことになるのです。最初から「かってなことをしてはいけません」「おとなしくしましょう」というようなワクに子どもたちをはめ込んでいくと、「わたし」という主体性が育つのが難しくなります。平成12（二〇〇〇）年の保育所保育指針・幼稚園教育要領の基準改訂にあたって、各学校段階にも共通した基本的な命題として「ゆとりの中の生きる力」を掲げました。この「生きる力」の中身のひとつに「自分で課題を見つけ、みずから学び、みずから考え、主体的に判断し、行動し、よりよく問題を解決する能力」の育成を目ざしています。この精神は、現在の指針、要領にも受け継がれています。自分の目で見、自分の力で考えるということが少しずつ後退し、ある一定の流れの中にあることで安心する傾向が、着実に私たちの生活に根付いていっていることを感じさせることへの警鐘です。

私たち大人は、親切心から「みんなと同じにしないと遅れてしまうよ」などと、何げない言葉かけをしますが、子どものひとりひとりのよさと可能性を知らず知らずのうちにゆがめていることはないでしょうか。

●Ⅱ―⑱

子どもは、天から授かった謎!!

教え子たちが子ども連れで遊びにやって来ることがあります。そのとき当然ですが、お父さんとお母さんの顔はまったく違うのですが、お母さんと子ども、お父さんと子どもとを見比べると、顔はもちろん、しぐさまでがよく似ていることに驚くとともに「親子」という不思議な関係に感動させられます。この感動は、保育所・幼稚園の迎えの場面で、親の顔を見ると友達や先生とどんなに楽しそうに遊んでいても、手を止めて飛んで駆けて行く姿に接するたびに何人も入り込む余地のない信頼感に結ばれている関係なのだ強く感じさせてもくれます。

しかし、教え子の話題は、最終的には「子どもが大きくなるにつけ、子どもの気持ちがわからなくなる」となってしまいます。確かに、最近のキレル若者の事件を見聞きすると、親ならだれしも、わが子をそのように育てようと思っているわけではないでしょうが、わが子が将来にわたって絶対にキレないという保障はなく、不安に思うのももっともだと思います。だからといって、日本では、31ページの「ペットと、ヤヤ子と、少子化と」でも述べましたが、昔から「子どもは天から授かった宝物」といい、この文言に縛られているわけではないと思いますが、幼いころから、子どものためを思って、楽しい思いばかりをさせることや、理想の親の顔を見せることばかりに夢中になったりと少し教育熱心がすぎるのではないでしょうか。

もちろん、子育てに熱心さは大切ですが、巷で「しかる教育が大切」というと「しかる」ことに熱心になり、「褒める教育が大切」というと、「褒める」ことに熱心になるという、大きく偏った揺れだけが子どもに向かいます。子育てには、両義性といって常に両方のことばがけが必要です。それも時と場と内容によって使い分けが求められているのです。親だって、一生懸命お弁当作りをすることもあれば、疲れて手抜きすることもあるでしょう。そのようなときには、わが子に「今日のお弁当おいしかったでしょう」といばったり、心から「今日は、ごめんね」と謝ることだってあるでしょう。

いわゆる、親の優しさ・厳しさ、または親の持つ弱さ・強さをも含めた人間性そのものを子どもに見せて、それでいて子どもに惜しみない愛情を注ぐ家庭こそが、子どもに和らぎをもたらし、生きる自信や喜びを育てることにつながらないでしょうか。先にも書きましたが(32ページ)、ドイツでは「子どもは、天から授かった謎」というそうです。わが子でありながら、少しだけ客観的に子どもを見つめることを薦めています。しかも、兄弟姉妹であってもひとりひとり違った人格を持った人間として見つめることが大切だといっています。私の身体から生まれてきたのだから、当然「わたし」の「もの」と思っているけれども、一方で、どんなに幼くても私とは違ったひとりの人間だと思うことも大切なのだと説いています。

子育てとは、子どもがひとりの人間としての成長する過程にある謎解きとして、時に悩み、とまどい、喜び、感動し、子どものキラキラした姿、ドキドキさせる姿、ワクワクしたくなる姿に出会いながら、親と子が共に成長することなのではないでしょうか。

●Ⅱ－⑲

つらさに向き合う

学生時代のことです。重い知的障害の子どもたちと生活したことがあります。そこでは、生活習慣を自立させることを中心にプログラムが組まれており、そのお手伝いをしながら研修することが目的でした。連日、先生方から指導を受けてトイレット訓練などを見よう見まねにがんばっているうちに、心の中で「よいことをしているのだ、自分には思いやりの心があるぞ」という慢心した思い込みが少しずつ強くなり、きっと先生に褒められるにちがいないなどと考え始めていました。そんな折、園長先生から「そろそろ泊まってもらおうか?」と声をかけられ、「はい、やらせてください」と即座にこたえました。自分の思いやりの心が認められたと有頂天になった気持ちだったのです。

泊まりの日、「就寝中におもらしする子もいるから、しっかりお世話を」との忠告に「わかっています」と張り切って泊まりの役につきました。深夜0時を過ぎたころ、近くに寝ていた男の子のパンツから臭いがしてきます。早速、仕事、仕事となぜか張り切り、男の子を抱き上げ水洗い場に連れていきました。水道口の側溝に男の子を立たせ、パンツを脱がせて洗っている、そのときです。突然、頭から冷たい水が降ってきたのです。「冷たい、だれだ、何をする!」と大声を挙げ、振り向くと、そこにはバケツを持った園長先生が恐い顔で立っておられたのです。「冷たいだろう、それがわかればいいのです」とひと言、そして、湯沸かし場のお湯を急ぎ取ってくるように指示されたのでした。私には「冬場の水洗い場は寒くて冷たい、お湯が必要」という、思いやり以前の最も単純な常識すらなかったのです。まして、自分の思いを言葉で表すことが難しい子どもたちです。冷たいと感じていても、決して「冷たいよ、やめて」など言えないのです。バケツの水を浴びて、初めて「冷たかっただろうな」と気づくなどもってのほかの状況でした。ところが、私は深夜このような指導をしているのは自分だけだと、子どもを裸にし、冷たい水で平気で洗い「つらい思いをさせている」ことなどまったく念頭になく、子どものために「自分はよいことをしている」としか思っていなかったのです。

明くる朝、園長室で「自分探しは、できましたか？」と尋ねられ、園長先生は「自分はよいことをしているのだ、思いやりの心を持っている」といった私の「独りよがりの慢心した思い込み」に気づいておられたのです。子どもに対する理解や思いやりの考え方に甘さがあることを研修態度から見抜かれ、みずから気づくように泊まりの役を回してくださったのでした。園長先生は「深夜、水洗い場で音がしたとき、がんばってるなあ、と心から敬意を払ったけれど、その指導行為には共感できなかった」と、そして続けて「水をかけたときはボクもつらかったのだけど、君と子どもとがお互いにつらさに向き合ってほしかったからね」とも言われました。つまり、思いやりの心を本物にしあげるためには「子どものために指導する」と考えるのではなく、「子どもに正面から向き合う」ことが大切であることを教えられたのでした。

●Ⅱ－⑳

大人の論理、子どもの論理

子どもが子どもであることは、いのちを伸ばしていくことにあります。いのちは、人間形成の根幹を流れる「生きる力」です。この「生きる力」は、子どもが無心に遊ぶ姿のうちに育っていくものです。子どもが自分の見つけた遊びの世界に入り込み、夢中になっているときは、大人から見れば、無意味だったり、つまらなく見える行動であっても、大変ご機嫌であることに気づいておられると思います。表情は明るく、真剣で、言葉は優しく、姿も安定しています。また、慎重なあるいは引っ込み思案な子どもが気に入った遊びの中では、大胆な思い切ったふるまいを見せてくれることもあります。

こうした「楽しそうに遊んでいる子ども」の姿には、彼らの喜び、満足感を見ることができます。それは、「喜怒哀楽」という感性の世界の充実を示しています。感性は、人間が人間らしく生きることや、生きる喜びを知ることに深くつながっています。しかし、私たち大人は、子どもたちの遊びをすべて予測したり知り尽くしたりすることはできません。子どもは、大人を超えてさまざまな遊びを展開していきます。大人は、子どもにとって遊びとは何か、どうして必要かなど知ってるようで理解していません。

また、大人は、なぜか遊びの形や展開される活動に目が向きがちです。子どもたちが「心から楽しそうだ」という点には目が行き難いのです。もちろん、子どもの気持ちや欲求や興味・意欲などひとりひとり違っていることを知っていますし、教え込むことではないことも知っています。にもかかわらず、遊びの形や活動の結果に陥りやすいのです。

この陥りやすい考えは、どこからくるのでしょうか。おそらく、大人と子どもの距離を直線的につなぐ発達観がもたらしているのではないでしょうか。つまり、子どもは大人に最短距離で近づくことがよいことであるという考えです。その考えで子どもたちを見ると、どうしても大人と比べるために未発達、未熟、未分化と見がちになります。確かに、論理的な思考の面では、未発達、未熟なところがあります。しかし、大人の論理には、感情や欲求を排して客観的な思考、認知のしかたが動いていますが、子どもたちの論理思考には、感情が入ってくるのが特徴なのです。「楽しい」「恐い」「うれしい」といった感情が常に論理の中に入っており、これが9歳から10歳にかけて消えていくということもわかっています。つまり、大人と子どもは直線的な距離感覚で見るのではなくて、独立した論理思考パターンを持つものと見なければならないのです。

ゆえに、「ぼくのお母さんは、足でふすまを開けられる。すごい！」「でも、ぼく、自分の足をなめられるんだよ、お母さんはできないけど。すごいでしょう！」と心から感動できるのです。大人から見ると、とんでもないこと・なんでもないことに思えることが、心から楽しく、感動的なのです。また、大人にとって「夕日は、太陽が沈む」ということでも、子どもにとっては「お日様が恥ずかしがって赤くなっている」と真剣に考え、受け止めることができるのです。

幼児教育と小学校教育

23ページ「幼児期の「学び」と少子化」でも述べましたが、三学期に入ると、保育所・幼稚園では「学校ごっこ」を楽しむ姿を何度となく見かけます。そこでは、児童役の幼児は鉛筆を持ち、小学校の教師役を務める幼児は、なぜかメガネを掛け子どもたちを怒っていたり、『できましたか？できない人は、立っていなさい』などと楽しんでいる。「小学校ってどんなところ？」と尋ねると、まず10人中8、9人は「勉強するところ」と答える。もちろん、こうした風景が小学校の生活にまったくないとはいえませんが、幼児にとって小学校生活のイメージは、どのようにして創られているのでしょうか。

幼児が、小学校生活を垣間見たり、体験したりすることを考えてみると、運動会に招かれたり、生活科の授業でいっしょに活動したり、と多くて年数回のことではないでしょうか。だとすると、幼児が持つ学校へのイメージは、幼児自身の体験からというより、おそらく多くは保育者や保護者の話などからきているのでは、と考えたくなります。幼児の演ずる小学校生活や幼・小双方の保育者・教師の話などを総合してみると、保育所・幼稚園と小学校の接続に関して物理的には最も近い位置にありながら、心理的には遠い距離を感じざるを得ないのです。もちろん、この心理的距離を、すべて「悪いこと」と決めつけているわけではありません。幼児期の教育と小学校教育のあるべき段差という意味では、むしろ「よいこと」ととらえなければならないのかもしれないのです。なぜなら、確かに幼児期の教育と小学校教育との間には、入学という具体的な機会を境にした、成長における連続性と非連続性という通過儀礼的な形式による段差は必要だからです。つまり、保育所・幼稚園と小学校との間には、お互いに独自の教育機関として、幼児期は幼児期、児童期は児童期として完結する教育として認識し、両者がその教育の目的を理解し合い、尊重することが大切だからです。

だからといって、現状の幼稚園・保育所と小学校との関係に満足しているわけではありません。しかし、幼児期と児童期の発達が連続しているために教育内容を連続させなければならないと接続させたいとの思いが強すぎて、結果として逆の事態がお互いの中にでき上がっているとしたら、子どもたちに迷惑をかけることになり、お互いに不幸なことになるでしょう。幼児は、遊びを通して周囲の環境や友達とかかわり、見たり、触ったり、感じたりすることによって、周囲の世界に好奇心や探究心を抱くようになり、ものの特性や操作のしかた、生活の仕組みや人々の役割に関心を持ち、気づき、自分なりに考えることができるようになるのです。こうした「学びの基盤」から小学校教育の特性である系統的な「基礎基本の学習」へとつながっていることを、今一度考えてみたいものです。

●Ⅱ－㉒

生き物をかわいがる心とは？

ある幼稚園で、目の不自由な猫に出会いました。大人が近づくと警戒心も無くジッとしているのですが、子どもたちが近づくと急ぎ逃げて行きます。しかし、10年近く園に住み着き、決して子どもたちを嫌っているわけではないとのことでした。では、なぜ子どもたちが近づくと逃げるのかを尋ねると、先生方が子どもが近づくと逃げるようにしつけたのだというのです。そのしつけに至ったいきさつは、その猫が園にやって来た当初から子どもたちの人気は抜群で、当時は目も健在で保育中はもちろん、お帰りのひととき、帰宅後も園に再びやってきて仲よくいっしょに遊ぶようになってきたことから始まったようです。

当初は、子どもたちが自分のお弁当の残りを分けるだけだったようですが、時がたつに連れて、子どもたちの猫に対する思いが強くなっていき、いっしょになって遊ぶのはもちろん「もっと、たくさん食べてもらいたい！　もっと、おいしいものを食べさせたい！」となり、中には自分のお弁当を全部差し出す子やおうちから高級な食材を持ってくる子も現れ始めたというのです。猫のほうは、豊富な食べ物に満足以上の生活となり、ついには糖尿病にかかり目が見えなくなってしまったようです。こうした過程で、子どもたちにはお弁当の意味を考えさせたり、食事を適切にとらなければ病気になることを知らせ、折々に猫との付き合いを教え、猫にはちょっとかわいそうに思ったがインシュリンを打ち続ける生活なので、子どもたちとの距離をしつけてきたのだということでした。

昔から子どもたちは、生き物が大好きです。学校の帰りがけにどこからともなくついてきた子犬や子猫を家まで連れてきて、両親に内緒で飼おうとしてしかられてたという話などは多くの子どもたちが経験してきました。お祭りのとき、神社の境内で売っているヒヨコの前からいつまでも離れられない子、近所の池で見つけたオタマジャクシを取ってきて水槽で、カエルになる日を待ちわびている子など、子どもは生き物を飼うことが大好きでした。

遊びにしても、よいか悪いかは別としてカエルのおしりに麦ワラなどをストロー代わりに突っ込みカエルのおなかを思い切り膨らませたり、トンボにむりやり糸をくくり付け飛ばしてみたりもしました。かつての子どもたちは生き物とのかかわり合いの中で、喜んだり悲しんだり、感情を揺さぶられる経験を味わっていたのですが、現代の子どもたちは生き物との触れ合いはどうなっているのでしょうか。デパートで買ったカブトムシが動かなくなったので電池を入れ替えてほしいとか、クワガタムシの首が千切れたのでボンドで付け直してほしい（56ページ「子どもを大切にするとは」参照）などと、かつての自然の情景の中で生まれた触れ合いとは違った様相が現れてきているように思えます。先の猫にしても、現代人の病気の代表にもなっている糖尿病が身近な生き物に反映した様相でした。こうしたことは、生き物だけでなく、現代の子どもにとっても不幸な出会いです。

私たちは、最近の子どもたちの命の畏敬《いけい》さに遠ざかった事件にふれるたび、さまざまなことを提起したりしていますが、「子どもたちは生き物が大好き」というフレーズを今一度真剣に考えなければならないときにきているのではないでしょうか。

元来、幼児期の子どもたちは気になる子

ここ数年、子どもたちがどうも昔と違ってきた。いつも無表情で遊びに乗ってこない、ちょっとしたことで、すぐにパニックになってしまう、いきなり隣の子を突き飛ばしてしまうというようなことが話題に上ることが多くなってきています。また、園内でも気になる子とか、手がかかる子が多くなってきていると聞きます。

確かに、ここ十数年で手がかかる子、気になる子といった相談が増えています。こうした中で、従来は支援の対象とならなかった発達障害者を支える法律（発達障害者支援法）が平成17（二〇〇五）年にスタートしたのです。それに伴って平成18（二〇〇六）年、学校教育法の改正が行なわれ、特殊教育から特別支援教育へと転換しました。特別支援教育とは、従来の特殊教育で培ってきたものを継続・発展させ、通常の学級に在籍する、いわゆる発達障害といわれているＬＤ（学習障害）・ＡＤＨＤ（注意欠陥・多動性障害）・高機能自閉症等を含め、障害のある幼児・児童生徒ひとりひとりの教育的なニーズを把握し、その持てる力を高め、生活や学習上の困難を改善・克服するために適切な指導や必要な支援を行なおうというものです。こうした転換は、発達障害等に関する認識を高め、現在では、ＡＤＨＤ・アスペルガー症候群・高機能自閉症といった言葉が普通に使われるようになってきました。

しかし、その一方で発達障害という言葉に敏感になりすぎて、子どものちょっとした行動をとら

えて、「気になる子」を通り越して「これは障害ではないか?」ととらえてしまう傾向もあるようです。ご存じのとおり、子どもたちの発達には個人差があります。特に、幼児期は発達も著しく、障害があるといわれた子どもでも、成長段階で症状が変化したり、周囲の大人たちが適切なかかわりをすることで、気になる症状が改善されることが多くあります。基本的に就学前までは、障害と断定しないで、あくまでも「個性の強い子」という考え方で接することが大切ではないでしょうか。幼児期の子どもたちは、ひとりひとりの発達差が大きいゆえに、すべて気になる子どもたちなのではないでしょうか。

つまり、気になる子の出現を単純に家庭教育の良し悪しやしつけの結果から生まれてくるということではないことを知る必要があります。その意味で、幼児教育の基本は、「ひとりひとりが違って、それでよい!」という考えで、ひとりひとりの子どもたちの中で育っているものは何か、日々接している子どもたちは常に成長の過程の中にいることを忘れないようにすることを大切にしてきました。気になる子もしくは発達に障害のある子どもたちの指導等について考えるということは、幼児教育の基本的な考え方が重要な役割を果たしているのです。保育者が幼児と生活する中でひとりひとりの幼児の発達の特性や行動のしかた、考え方などを理解し、それぞれの特性に応じ発達の課題に即した指導を行なっていくための幼児教育の基本的な姿勢を今一度考えてみることは、気になる子への課題だけでなく、子育ての原点を学ぶことにつながるのではないでしょうか。

第Ⅲ章

●どうしていけばいいのか…

保護者として、保育者として

～ 真の子育て支援・家族支援とは、園と保護者が共有したいことを持つこと ～

●Ⅲ－①

子どものよさをどう見るのか

その１　あるがままに受容するとは

「子どものよさをどう見るのか」を考えるとき、何よりも大切なのは、「子どもを子どもとして、あるがままに受容する」を出発点とすることでしょう。子どもたちをあるがままに受容するということは、子どもの発見者といわれる『エミール』の著者、ルソーが「子どもを大人の一方的な処遇の犠牲にすることなく、ひとりの人間として認めることである」と説いているとおりです。この言葉は、子どもの人間性を尊重することにつながります。しかし、園において「子どものあるがままを受容する」ことは当然のことと考えられるのですが、具体的な保育の場面では必ずしも容易なことではないようです。

園には、子どもだけではなく、子どもの背後に保護者の存在があります。保護者には、客観的に見て当然な欲求だけではなく、時には理不尽な欲求もあるかもしれません。中でも、教師をとまどわせるのは、「けんかのとき、ウチの子の言い分をもう少しきちんと聴いて欲しい」とか、「あそこで先生が手を貸してくれていれば、もっとよくできたのに」など、「ウチの子をちゃんとよくめんどうを見てほしい」という、自分の子どもを中心とした欲求ではないでしょうか。このような欲求は、一見、教師の立場やほかの子どもの立場を少なからず無視したものに見えます。ところが、「ウチの子を……」という言葉には、一歩踏み込んで考えてみると、教師に対する正しい欲求にも見えてくることがあります。それは、目の前の子どもだけではなく、すべての子どもに対して「ひとりひとりのよさを見ていますか」という問いかけと重なるところがあるからです。

教師には、常に子どもを見る目を養うことが説かれます。どうすれば、それを実現できるのでしょうか。園では、さまざまに活発な子、おとなしい子、はみだしっ子など、いろいろな姿を見せてくれます。教師は、まず、子どもの目だった行動などの情報から、個としての子ども像をつくり始めます。次に、保育の積み重ねの中で、より確かな子ども像をとらえ、その過程に教育的視点を位置づけようとします。一方、「あるがままを受容する」ことが、個を丸ごととらえて固定化することで達成したとするなら、いわゆる「レッテルはり」に終わってしまい、子どもの発達に特定の方向を与えてしまうおそれがあります。教師がとらえた子ども像は、暫定的なものにすぎません。その時点の特性を、永続的な人格全体の特徴に広げない配慮が必要です。

教育の世界ではみだした子どもを受け止め、その「よさ」を見つける教育的視点を大切にするようになってきたことは喜ばしいことです。しかし、はみだしっ子を受け止めることは、存在のあるがままを無条件に容認することではあっても、その行動のすべてを是認することではありません。例えば、問題行動であっても、ほかの子どもより目だっていれば「個性が発揮できている」といった見方をすることがあります。これは、適切な指導を放棄した受け止め方であるばかりでなく、「はみだす」ことで創っていた「その子らしい世界」が見えなくなることもあることを知らなければなりません。

●Ⅲ－②

子どものよさをどう見るのか

その2 「見る」から「見える」へ

子どもを正しく理解する目を持つことは、極めて難しいことです。ある子についてわかっているつもりでいたけれど、本当はわかっていなかった、という経験はたびたびです。私たちは何らかの枠組み、あるいは基準に基づいて、子どもの言動をとらえ、理解しようとします。多くの場合、自分が子どもであったころの体験を中心に子ども観を無意識のうちにつくり、理解の基準にしているところがあります。

たとえば、子どもがひとりで絵を描いているとします。そこに、数人の大人が通りかかり、ひとり目の人は、単に「ああ、絵を描いてるんだな」と見る（行動主義的な見方）。ふたり目の人は、子どもが絵を描いているのをのぞき込んで「うん、じょうずだな」とか「いま少し、がんばるとよくなるな」と見る（能力主義的な見方）。3人目の人は、「こんな時間に、こんなところで絵を描いていいのだろうか」と見る（道徳主義的な見方）。4人目の人は、「なるほど、この子の絵には何か訴えるものがある」と見る（了解主義的な見方）。5人目の人は、絵を描いている子どものそばで立ち止まり、「熱心に描いているなあ、絵を描くのがほんとうに好きなんだなあ」と、子どもの気持ちに共感して見る（共感主義的な見方）。

このように、ひとりひとりが自分の中にいろいろな見方の基準を持っています。しかし、実際の場面では、ひとつかふたつの見方に固まっていることが多いのではないでしょうか。行動主義的というのは、客観的な見方です。能力主義的は、常にものごとを測定しがちになります。この子はよくできるのか、できないのかと、測定的な見方ともいえるでしょう。道徳主義的な見方は、その姿勢の正しさはいいことですが、どうしても子どもを批判的に見がちになります。了解主義的な見方は、子どもをやたらと解釈しようとする傾向があります。ところが中でも、共感主義的な見方となると、なかなか難しいでしょう。共感主義的とは、どんなときにも、子どもをありのまま肯定的にとらえようとする見方です。子どものあるがままを「よさ」として肯定すること。子どもの心の動きに寄り添って、あるがままを肯定することは、その子どもが生きていることを肯定することです。

客観的に見る、測定的に見る、批判的に見る、解釈的に見る、そして共感的に見るという5つの見方のいずれもが、子どもの成長を見守るものとして大切です。しかし、絵を描いている子どもを「本当に、この子は絵を描くのが好きなんだなあ」と「見る」ことではなく、「見える」ことが、今、求められているのではないでしょうか。「見る」ことは「見える」ようになることの前提ですが、見るだけでは見えてきません。私たちは、子どもにはなりきれませんが、子どもの立場に身を置き、その立場からさまざまに想像することはできます。子どもがなぜそうしたいのか、そのとき子どもの側に立つと、「なぜ」が「見えて」きます。「絵を描くことが本当に好きなんだなあ」と肯定し、子どもの側に立って初めて「見える」共感的理解が今、必要とされているのではないでしょうか。

●Ⅲ－③

子どものよさをどう見るのか

その3　実感する！

子どもがひとりで「よさ」を見つけ、変わっていこうとすることは極めて難しいことです。どの子も、教師、さらには友達からもよく見られたい、「よさ」に向かって変わっていきたいと願っています。この願いを実現させるためには、まず「よさ」を見つけ、それを支え育てていく関係がつくられなければなりません。

つまり、教師と子どもと子どもと子どもが、人間として正面から向き合う関係性が必要です。そのためには、園がその子らしさを発揮できる場になり、ひとりひとりを信頼し、あるがままを受け止める視座を持つ教師の存在がきわめて重要になります。

どんなに幼くても、人間は自分を認め、自分を真剣に見つめてくれる人を敏感に嗅ぎ分けます。教師とともに生活する中で、子どもたちは自分を見守ってくれ、心の動きに応じてくれる存在を知ることで、自分を発揮し自分の生活を創りだしていくことができます。

次の事例をどのように見たらよいでしょうか。

子どもたちは園庭に出て遊ぶことができないある雨の日。トモキくんは傘をさし、手にはジョウロを持って花壇に向かっている。

先生：「何をするの？」

トモキ：「お花に水をやるの！」

先生：「雨が降ってるのに、どうして水をやるの？　水はおんなじよ」
先生のそばにいたユウコちゃんとダイゴくんも大声で叫ぶ。
先生：「トモキくん　雨だから水はいらないの！」「ぬれるから、早くお部屋に入りなさい」
トモキ：「あかん！　毎日、お花に水をやらなあ死んでしまう。かわいそうやんか」
（トモキくんは傘を片手に一生懸命ジョウロを傾けながら、花に水をやる）

幼児期には、「雨の水とジョウロからの水は違う」と思っていることがあります。子どもたちの生活経験の中に「ファンタジー的な見方」と「認識的な見方」が矛盾なく混在しています。トモキくんには彼の「ボクの水」という、「思い入れ」があるはずです。その心に感じたもの、花への思いやりを、まず、教師は大切にしなければなりません。「雨が降っているから、もう水をやらなくてもいいのよ」ではなく、その前にある幼児の心の動きをあるがままに受け止めるようにしたいものです。

私たちは、いつのまにか子どもとはこんなものだと「わかったつもり」になって虚像は見ていても、真の子どもの姿を「実感」していないことが多いのではないでしょうか。『幼稚園教育要領解説』（平成20（二〇〇八）年・文部科学省）では、「自然な心身の成長に伴い、人がこのように能動性を発揮して環境とかかわり合う中で、生活に必要な能力や態度などを獲得していく過程を発達と考えることができよう」（11ページ）としています。ひとりひとりの子どもと正面から向き合い、真の子どもの姿を実感する、わずかな揺るぎも感知する心が、欠けてはいないかと日々問い直すことが、保護者はもちろんのこと、今、すべての教師に求められています。

●Ⅲ－④

子どものよさをどう見るのか

その４　ふつうの子どもたちの「よさ」を見つける

幼児教育では、幼児期の発達の特性から、ひとりひとりのよさを生かし、それに応じた保育を大切にしなければならないことは当然です。しかし、現実には、まだまだ大人の側から子どもに対してあれこれと要望することが多く、子どもの心を無意識の内に壊し、ひとりひとりのよさを無視しているといわざるを得ない現状も少なくないようです。ひとりひとりをかけがえのない存在として受け止め、その子らしい行動のしかたや考え方、感じ方に共感する努力を重ねていくことが、今後、ますます重要になってくるのではないでしょうか。

子どもを共感的に理解するとは、子どもの目・耳・心を持って感じ、それをあたかも自分のものであるかのように感じ取ることです。教師は共感することによって、子どもひとりひとりの心の動きに寄り添い、子どものよさを理解することが可能になります。子どもの側から見るならば、子ども自身が受容されていると実感したとき心を開き、本当の姿を表すのではないでしょうか。子どもが「見える」とは、教師と子どもがお互いに向き合う共感的な関係から生まれるのです。

では、特にはみ出しもせず、ふるまいにおいても目だたない、いわゆる「レッテルさえもない」子どものよさはどうなのでしょうか。こうした子どもたちは、その他おおぜいとして、彼らの存在を意識することが少ないのではないでしょうか。ふつうの子どもの「よさ」を置き去りにしてきた傾向がないでしょうか。彼らは、つつましく目だつ行動は取らないにしても、彼らの心の中にあるものは、自分をアピールできる子どもたちとちっとも変わっていないのです。自己を、自分を表現する質の違いがあるだけなのです。きっと、彼らも私たち「ひとりひとりのよさを見てほしい、認めてほしい」という、心の願いは同じはずです。

ところが、教師の視線は、多くの場合、どうしても気になる子や目だつ子に向けられ、そこに固定しがちです。目だたない、いわゆるふつうの子どもたちへのかかわりは、教育的死角になっていなかったでしょうか。多くの保護者の願いも、こうしたことに目を向けてほしいと強調されていると受け取らなければならないのかもしれません。幼児のよさをどう見るのか、という問いに対して、ひとりひとりの子どもの存在を意識し、彼らの「よさ」をいかに見つけ、受け止めていくかが大切な教育課題となってきています。私たちはまず、ひとりひとりの存在を知り、ひとりひとりを見る目を豊かなものする必要があります。そのために、子どもを固定的な類型像でとらえるのではなく、常に動的に変化していくものとして、その変化の芽を正しい方向でとらえる目を持つことが大切なのではないでしょうか。

余談ですが、私は通勤で毎日同席になる若者が最初漫画を読んでいることに心の中で嫌みを感じていました。ところが、1年たつ今、とても感心な若者と思えるようになりました。よく見ると、彼は、日々読み物が違い、内容も豊富で、最近は、ただ、寝ているだけの自分が嫌みを感じていたことに心から恥じ入っています。

●Ⅲ—⑤

発達の壁を乗り越える

子どもたちの教育に携わる教師や保育士はもちろん、研究者にとっても一度は試みてみたいという願いがあります。それは、入園から卒園までの子どもの生活をドキュメントとして見てみたいということです。許されるなら、ひとりの子どもを中心に追い掛けてみたい。なぜなら3年間の園生活は、子どもたちに何をもたらしているのか、つまり、ひとりの子どもの成長・発達の姿だけでなく、そこでいっしょに生活している者同士の関係や教師の存在がひとりひとりの子どもにいかなる事態を引き起こしているのかを学ぶことができるからです。そこでは、幼児教育のあり方だけでなく、その教育的評価はもちろん意味付けさえも見えてくるでしょう。

かつて、こうした願いが叶う幸運な機会に恵まれ、ひとりの子どもの3年間を通した映像記録を撮る作業に参画することができました（『3年間の保育記録』岩波映像株式会社）。おそらく、日本では初の試みではなかったでしょうか。このドキュメントに参画しているだけで多くのことを学べたのですが、心に残ったひとつのエピソードを紹介してみたいと思います。

4歳児の子どもたちの生活は、3歳児1年間の園生活の経験が生かされ、楽しい日々であるように考えがちです。しかし、多くの園では、担任も保育室も変わることが一般的になっています。こうした変化は、4歳の子どもにとっては新しい経験であるはずですが、教師にとっては日常的なこととして見逃されがちになります。しかし、4歳児という時期は乳幼児から幼児への移行期です。

その特徴は、自己中心性から自我の芽生えの時期に差し掛かり、「わたし」と「わたし」がぶつかり合い不安と自信の間を行ったり来たりしています。4歳児といえども新学期を迎え、どの子にもしっかりとした目配りを怠ると、いつのまにか自分の世界に引きこもってしまう子どもたちが出現することを映像から学ぶと共に、4歳児保育の難しさと楽しさを再確認させられました。

4歳児の「わたしとわたし」のぶつかり合いとは、今までどおり自己中心的なわがままな「わたし」でよいのか、それとも友達や先生の言うことなどを聞く「わたし」になったほうがよいのかという無意識の葛藤です。こうした葛藤を「発達の壁（インヒビット）」と呼んでいますが、4歳から5歳を迎える時期にはどの子にも起こる現象で、その葛藤の大きさや様相はひとりひとりに違いがあります。しかしそれは、子どもの成長・発達には必要不可欠な「壁」ということになります。

この「壁」という概念は医学の世界から引用されたもので、赤ちゃんが胎内で成長する際、必ず成長の前には壁ができ、それを乗り越えると成長がより促進されるという現象を説明することからきています。映像には、日常の保育だけでなく、弁当を何日も食べないとか運動会にも参加しないなどなど、先生や友達に対して強く抵抗することから乗り越える姿が映し出されています。そうした抵抗というか「発達の壁」を自分自身で乗り越えることが大切なのですが、そのためには教師や友達の存在がとても大きいものであることをこの映像があらためて教えてくれました。

●Ⅲ－⑥

遊びと学びと生きる力

子どもが子どもであることは、いのちを伸ばしていくことにあります。いのちは、人間形成の根幹を流れる「生きる力」です。この「生きる力」は子どもが無心に遊ぶ姿のうちに育っていくものです。したがって、子どもと遊びは切り離せません。ところが、子どもの遊びが何か根源的なところで大きな変化を起こしているように感じられます。

ある園の夏期保育でのでき事です。「夏休みの行事として山に行き自然に触れよう」という試みを行なうことになったのですが、山に着くなり、子どもたちは家から持ってきたミニゲームや絵本を取り出し始めました。そのとき、向かいの山に虹がかかっていて、感動したひとりの先生が思わず大きな声を挙げ、子どもたちに見るように呼び掛けたのです。そうしたら、「なんだ、ボクの持っている絵本に載っているほうがきれいや」という子がいて、結局みんなゲームや絵本に戻ってしまったというのです。

従来の子ども観からすると衝撃的な話です。しかし、このことは特別な事例ではなく、現代の子どもの姿が象徴されているということのようです。子どもの世界に何が起きているのでしょうか。多くの人々が子どもの遊びを圧迫する条件をさまざまに指摘して十数年がたっています。自然環境の破壊、遊び仲間の消失などなど、キリがないほどです。それらは確かに有利な条件ではありませんが、子どもの生命力は、これくらいの不自由さで打ちのめされるほどにか細いものでしょうか。

もっと大切なものを見落としていないでしょうか。「絵本の虹のほうがきれいや」という子どもの反応が気になります。

子どもは知識欲にあふれています。自分を取り巻く事象はすべて興味の的であり、またすべてを吸収する力を持っています。ただし、その面だけが強調されると、大きな誤りを犯してしまうことにもなり兼ねません。幼児期が知識伝達期であるかのように思い始めるからです。子どもが知識を手に入れるとは、自分の目や耳、手足を通して具体的にかかわり合うという過程があって、初めて成り立ちます。生活に根ざした体験があって、知識は生きたものとして身につくのです。知識を生活と分離した形で与えても、それを受け止める力がないわけではありませんが、そうした機械的な知識が入る分だけ生活に根ざした学びの幅は狭められ、ついには、体験を通して身につく知識への道が隅に追いやられていきます。

たくさんの事象を知識の収納庫のように持ってはいても、それらのひとつひとつに生活の刻み込みがないとき、それは子どもにとって、単なる記号でしかありません。そればかりか、記号にあふれた心は、生活に反応する柔軟さを失ってしまいます。それは生命力の不活性化を引き起こし、遊びはもちろん学びをも失わせてしまいます。生活の中の何でもないことや子どもの内面から創り出された遊びの世界が、子どもを育てる最も大切なものであることを再確認し、虹の7色を暗記するより、空にかかる虹に無心に見とれる子どもにしたいものです。そうした感動のもとに知的好奇心が動くとき、知識は生き生きと子どもの中に根付くのです。

●Ⅲ―⑦

園と保護者が共有したいこと…さまざまに

・失敗することの大切さ

いつのころから、私たちは子育てに完全なものを求めるようになってきたのでしょうか。

息子の音楽祭での話です。感じの良い女の子が指揮者でタクトを振っていたのですが、難しいところでテンポを間違えて、音が混乱し演奏が止まってしまいました。晴れの舞台でのミス、どうなるかと見ていたら、その指揮者は聴衆に向かって「すみません」と一礼し、落ち着いて失敗の原因を説明し、「今度はうまくやりますから」と悪びれずに再び演奏を始めました。二度目の演奏は無事に終わり、盛んな拍手を浴びたのです。聴衆の中に「失敗してもさわやかに立ち直ることが大切なんだなあ」つぶやく声がありました。

確かに、失敗や挫折から立ち直るには、失敗しないように努力することより、はるかに大きな努力を要します。その意味で、失敗やミスをどのようにカバーできるかというところに、本当の力が現れるといえるでしょう。しかし、現在の家庭や学校では、知識にしろ技術にしろ、獲得する量や高度さ・正確さだけが成果とされているようで、「まちがいの少ない人間」を育てることに力が入り、「まちがいや失敗から立ち直る」ということへの配慮や意味づけが軽んじられていないでしょうか。

園も今以上に保護者と積極的にかかわり、保護者自身のさまざまに成長を可能にする場としてのあり方などを再考する必要があるかもしれません。

・「情緒」と「知識」に隔たり

子どもたちの「思いやり」、つまり「情緒性」が豊かに育つことには指標もなく、尺度もありません。どれだけ育ったか、見えにくいものです。ところが、「知識的な側面」、これは成果が非常にわかりやすいものです。私たちは両方を豊かにしなければならなかったのに、つい「知識化」の方向ばかりどんどん、どんどん伸ばしていくことに、時間やエネルギーを注いできてしまったのです。その「知識化」へのエネルギーはどれほどのものであったか試算してみましょう。もちろん、情緒や知識、いずれにしても数値で表すことはできません。しかし、「もし、ニュートンが今生きていたとしたら、どのくらいの知識レベルにあるのか?」と考えた場合、おそらく現在の小学生にニュートンの万有引力は理解されるであろうという「知識の指標」から考えてみました。

私たち人類が地球上に現れてから、さまざまな説はありますが、およそ二百万年というのが一般的な説になっています。人が「こころ」を持ち始めたとき、「情緒」と「知識」はどちらもゼロのレベルにあって、そこから並行して育ててきたはずでした。ところが、現代になって「情緒」という心は足踏みというか、ほとんど止まってしまい、「知識」という心だけが肥大化しているのではないかと思いませんか。この計算では、「知識化された心」は百年先まで到達するほどの勢いだと試算する研究者もいるほどです。現在の時点で、「情緒」と「知識」との間には百年隔たりができてしまっていることになります。

現在の流れの中では、このふたつの隔たりは広がるばかりです。このまま行くと……最後にはぶっちぎれてしまわないでしょうか。

今、現実の子どもたちを見ると、百年先までの科学力を持ちながら、一方の「思いやりの心」は先へ進まず止まったままです。人間にとって、この隔たりは赤信号以上の危険へのシグナルではないでしょうか。

・よく遊び、よく学べ

すこやかに育ち、すぐれた知性を持ってほしいという願いを込めて「よく遊び、よく学べ」は昔から親や大人が子どもたちに贈った素朴な想いでした。

16ページの「幼児期の「学び」と少子化」でも述べましたが、私たち大人の幼少時代の思い出の大部分は、幼なじみと呼ばれる仲間との日々の遊びからでき上がっています。仲間と競い合って川や海や池で泳いだり、魚を追ったり、山や野原を駆け回ったり、転げ回る。時には、大人や親の目をかすめて、少々の悪さもやってみる。それらは、あるときは危険な状況であったり、あるいは大人から禁止を受けていたりと、なにがしかの障害を乗り越えて味わう冒険でした。

そこでは、ヤッタと歓声を上げるほどの喜びがあったり、大人からこっぴどくしかり飛ばされたりすることもありました。そうやって全力をぶつける体験を繰り返しながら、寒さ、暑さ、雨、風、虫、草、花などの自然の姿を身体ごと感じたものです。仲間のいる楽しさ、仲間外れのくやしさ、さまざまな感情も味わったものです。

こうした「遊び」を通して、自分の手や身体を存分に使うことを体験し、仲間とのやりとりの中から、人間関係だけでなく、物の性質や世界をも知りました。まさに、「よく遊び、よく学べ」の生活そのものだったのです。現在も「よく遊び、よく学べ」といいますが、その言葉どおりに、子どもたちが生活すると「遊んでばっかりいて」と叱責したり、「それだけ遊んだら、あとはちゃんと勉強してね」と言っていないでしょうか。

どうやら、今、子どもの「遊びと学び」を切り離してとらえてきているようです。遊びに夢中になっているとき、子どもは自分の存在を全身に受け止めています。こうした自己の存在感を感じることが、「いのち」や「生きる力」を伸ばしていく原動力になっています。子どもの遊びは、人間としての始まりであり、いのちなのです。

そして、今、園が、そのことを保護者に発信すべきときです。自然環境などのどうしようもない変化の中でも、思いがあれば、実践を見せていけるのではないでしょうか？

少子化時代における子育て支援、家族支援

・子どもを取り巻く社会環境の変化

社会の構造の急激な変化は子どもを取り巻く状況と子ども自身の人間関係をも含めて、質的に大きな変化をもたらしました。遊び・労働・学習とあらゆる領域で変化の指摘がなされています。

かつて、子どもたちが家事労働や家庭の生産活動に携わっている姿は、ごくあたりまえの風景でしたが、今ではほとんど見かけなくなりました。しかし、労働にかかわらなくなっただけ子どもが遊びに打ち込めるようになったかといいますと、子どもの遊びは、むしろ年々貧弱になっているという指摘が数多くなされています。また、バイオリンやピアノは弾きこなせても、ナイフで鉛筆を削ったり、リンゴの皮をむいたりすることができない、あるいは靴のひもを結んだりできない子どもが現れてきています。塾や進学競争に代表される学習面のゆがみも問題にされていますし子どもが仲間と遊んでいるのを見かけなくなったという報告も頻繁です。

これらの事柄を全部重ねて浮かび上がってくる子どもの姿は、あふれるほどある未来への時間と選択に目を輝かせているといった「明るい像」ではありません。むしろ、かつての子どもたちが身につけていた人間的諸能力、言い換えると、人間が生きていくことにかかわる諸能力を獲得することができず、自然環境や仲間から遠ざけられて閉塞させられてしまっている姿のほうが際だっています。このような状況の中で、今、園に最も求められているものは何なのでしょうか。

男女参画型社会、情報型社会は、大人の生活のありようを大きく変化させるばかりでなく、子どもたちの成長・発達にも大きな影響を及ぼしています。かつては、各家庭でそれなり子育てを楽しんでいたはずのものが、今、なぜ、子育てに悩むのでしょうか。

・情報社会・男女参画型社会と子育て

まず、挙げられるのは、少子・核家族化の問題でしょう。現代の少子・核家族の生活の場は、両親が育った地域や環境とは異なることが多く、このため、地域やほかの家族との結び付きが弱くなる傾向があげられます。それに伴い、家庭の孤独化、特に母親が子育ての悩みを抱えたまま孤立してしまいがちになることや、母親が病気などのやむを得ない事情があっても、代わりの育児担当者が容易に見つけられないことなどの問題が起きています。さらに今では、核家族で育った子どもが少子・核家族を形成しているという新たな局面が問題の複雑さと深さをもたらし、その質に大きく変化させようとしています。

次に、情報化の進展に伴う育児情報の氾濫が挙げられます。そこで扱われている情報には、現在起こっているさまざまな事件や事象のことだけでなく、いわゆる「今からでは遅すぎる」・「キレる子どもの出現」など、いたずらに親を不安にさせるものも含まれています。このことが、少子・核家族の問題と重なると、さらに問題は深刻になっていきます。こういった親たちは、自分が親となるまでに幼い子どもとふれあう機会も少なく、育児の伝承もないことから、いきおい育児書・子育て雑誌に頼ることが多くなります。ところが、その情報はひとりひとりの子どもに合わせて提供されているわけではなく、前述のように不安をあおるようなものがたくさんあり、そのため、育児書や子育て雑誌の情報にとらわれることによって、かえって悩みが大きくなってしまう状況さえ生み出してもいます。

最後は、女性の社会進出、男女参画型社会の出現です。このことは、けっして悪いことではありません。しかし、現実社会は、子育てを考慮した就労形態や就労を考慮した保育形態が必ずしも十分に整備されているとはいえない状況にあることは否めない事実です。その中にあって、自分が生かされる職業の選択幅も十分だとはいえず、ボランティア活動など社会参加をしたくても自分の時間が持てない、子育てへの精神的負担が大きくイライラしてしまう、時間がなく子どもへの接し方がわからないなど、子育てと仕事等との間で起きてくる親の焦燥感や不安が、子どもの成長・発達へも影響していることが問題となってきているのです。

・子育て支援と開かれた園づくり

こうした状況から、家庭や保護者から多様な保育要求が出てきているのと併せ、子育ての責任を親だけでなく、社会全体で担っていこうとする、子育て支援への具体的な考えが生まれて来ています。例えば「ひとりで悩まないで、みんなで考えてみましょう」といった保護者ひとりひとりを支援しようとする動きが生まれ、子育てが各家庭単独の問題ではなくなってきています。その起点は、男女参画型社会・情報化社会の到来とともに出生率による少子化の問題が密接に絡んでいます。平成17（二〇〇五）年、わが国の合計特殊出生率は1・26となり、史上最低を記録したのです。少子化は、子ども同士のかかわりを少なくし、母子密着を強化し、子どもの成長への影響をはじめ、若年労働者の減少を通して、社会や経済、国民生活に多大に影響を及ぼす問題であり、その対策が緊急な課題とされてきています。わが国では、これまでに

・家庭教育を支援していくため、地域の母子保健活動や小学校入学前に行なわれる就学時健康診断の機会を活用して、家庭教育に関する講座の開設や家庭教育ノートを配布。

・親の悩みや不安等に関する相談に、電話等によりいつでも対応できる相談体制を各都道府県に整備する。

・子育てやしつけに関して不安や悩みを持つ親に対して、相談に乗ったり、アドバイス等を行なう「子育てサポーター」を配置し、地域における子育て支援ネットワークを形成する。

・心身のしなやかさとたくましさを持ち、夢のある子どもを地域で育てるため、さまざまな活動機会についての情報提供や自然体験などの体験活動等の機会と場の提供を図る。

など子育て支援事業を行なってきました。こうした一連の取り組みは、従来以上に園の教育機能を生かしつつ、子どもたちがよりよく成長し、保護者の子育てをめぐる不安解消を願っているからなのです。子育て支援という言葉は、幼児教育の世界においても最大のキーワードになろうとしています。つまり、園は、その基本的機能を生かす中で運営の弾力化を図り、地域の幼児教育のセン

ターとして「開かれた園づくり」を進める中に子育て支援活動を活用して「親と子の育ちの場」としての充実が求められているといっても過言ではありません。「親と子の育ちの場」とは、園が「幼児教育を組織的・計画的に行なう場」として機能する中に「保護者自身が保護者として成長する場」を提供することを意味しています。これは、地域における園として重要な役割があるとして「保護者を含めて地域の人々に社会全体で子どもを育てるという考え方が深まっていく」こと、すなわち、地域に子育て支援を含んだ「開かれた園づくり」が期待されているのです。

本書にまとめた、さまざまなことから保育の場が真に「親と子の育ちの場」となっていけるように、地域をはじめとした社会全体で子どもを育てようとしていけるように、私たち保育に携わるものが「こどもが真ん中」を忘れずに地道に日々を歩んでいきたいものです。

●おわりに…

保育所・幼稚園に通わせるようになると、ホッとするかと思っていたら悩みがかえって増えたという保護者の方がいます。悩みの中身は、「どうしても自分の子どもとほかの子どもとを比べてしまう」ということのようです。入園前にも公園などでほかの子どもと遊ばせる機会が増えると、自分の子どもとの違いが目に入ってきます。しかし、園に通うようになると比べる子どもの数がもっと増え、悩みが増すようです。いちばん多い悩みは、ほかの子より遅いと考えている、次に、じょうずに話したり走ったりできるか、砂場などで遊具をじょうずに使って遊びができるか、保育者に話しかけることができるかなど、どうしてもできるか否かを中心としたことが多いようです。

専門家によると、最近は育児書、子育て書など情報が豊富なために正しい子育てをすればきちんとした結果が出ると考え、「わが子にできないことがあると、育て方が悪いのではと、自分を責める人もいます」と話され、さらに、その結果を受けて無意識ながらも「子どもへの虐待につながっていくケースがある」と警告しています。こうした場合の基本は、子どもの発達の目安を知っておくことが大切ではないでしょうか。例えば、周囲に何でも早くできる子どもがいても、自分の子どもが特別遅いわけでもないことを知ると、焦らずにゆったりと余裕が生まれます。また、子育ては理想どおりにはいかないのが一般的で、発達には個人差があることでむしろ楽しいのだと理解して、発達ということはあくまでも目安であって早い子もいれば、ゆっくりと育つ子もいることを知ってもらうことです。

子どもを理解するには、ひとつひとつの場面や行動をとらえるだけでは十分ではありません。ひとつの行動の意味が、そのときにはわからなくても、その子どもの生活する姿を長い期間続けて見ていくと、後で理解できたということはよくあることです。また、何かのとき子どもの思いがけないすばらしい一面が表れたり、入園当初はおとなしいと思っていた子どもが緊張が解けてくると活発な面を表したりすることもよくあることです。子どもの持ち味や生活の変化は、保育者が子どもたちとさまざまな場面でふれあいを重ねる中で、少しずつ理解されてくるものです。焦らず、極め付けずに、日々心を新たにして、ひとりひとりへの関心を持ち続けることが大切であることを保育者だけで理解しないで、保護者にも具体的な姿を通して伝えることが重要だと思います。

子どもの発達する姿をとらえるためには、とりわけ長い目で見る必要があります。次々といろいろな面で変化を見せる子どももあれば、長い間同じような姿に見える子どももあります。そのような子どもも、あるときに急に変化を見せることがあるのです。大人は、ともすれば子どもができること、新たにできるようになったことにこだわる傾向があります。簡単に目に見えるものだけが発達ではありません。一見、毎日同じように見える子どもでも、生活を共にする中でその姿をていねいに見ていくと、今、その子どもに何が育とうとしているのか、その子どもが発達の土台となるどんな経験を積み重ねているのかをとらえることができるでしょう。どの子どもも可能性を持つ存在です。長い目で、ひとりひとりの育ちに期待を持ってかかわる保育者や保護者の姿勢が子どもの発達に必要なのではないでしょうか。そのためには、まず子どもが自然体で繰り広げる自由な発想の生活をきちんと見届け、子どもの世界のわずかな揺るぎも感知・共鳴できるしなやかな心を持って、子どもと同じ時間を流れていく、つまりあたりまえのことですが、子どもの世界にじっくり、真剣に付き合うことしかないのかもしれません。

本書は、保護者や保育者が子どもたちと生活する中で、ひとりひとりの子どもの発達の特性や行動のしかた、考え方などを理解して、それぞれの特性に応じ発達の課題に即した指導を行なっていくための幼児教育・子育ての基本的な姿勢について今一度考えてみることで「子どもの世界」に近づいてみたいと思い、子どもたちが繰り広げる「遊びの世界の中でのエピソード」をさまざまな形で雑誌等に掲載されたものを集め、再編集したものです。その基本命題は、子どもっておもしろい!!、子どもってすごい!! ということです。本書を通して少しでも子どもの世界のすばらしさが伝われば幸いです。

最後に折々にエッセイを書かせていただいた原稿を修正を含め再掲載を許された『幼稚園じほう』(全国国公立幼稚園長会編集・発行)、『家庭に贈るこころのお便り　ないおん』(ないおん編集室・発行)、『日本教育新聞』(日本教育新聞社・発行)、『保育プラン』『くぷ・くぷ』(チャイルド本社・発行)ほかのみなさんに感謝するとともに、ひかりのくに編集部の安藤さんにはひとつひとつのエピソードをていねいに読んでいただきわかりやすく編集していただきました。心より感謝申し上げます。

小田　豊

●著者紹介

小田　豊（おだ ゆたか）

独立行政法人国立特別支援教育総合研究所　理事長

山口県生まれ。広島大学教育学部教育専攻科修了。
梅光女学院高校教諭を経て、昭和49年4月より滋賀大学教育学部講師に。その後、同大学の助教授、教授を経て、平成5年12月より文部省初等中等教育局幼稚園課教科調査官併任、平成6年4月より文部省初等中等教育局幼稚園課教科調査官、平成8年10月より文部省初等中等教育局視学官、平成15年4月より国立教育政策研究所次長、平成17年4月より現職となる。

主な著書　『子どもの心をつかむ保育者』ひかりのくに
『新しい時代を拓く幼児教育学入門』東洋館出版
『幼児教育再生』小学館

※本書は、これまでに著者が『日本教育新聞』(日本教育新聞社)・『幼稚園じほう』(全国国公立幼稚園園長会)・『保育プラン』『くぷ・くぷ』(チャイルド本社)・『ないおん』(ないおん編集室) などに発表した原稿を一部加筆修正しつつ単行本として再構成したものです。

子育て・保育セミナー
子どもの遊びの世界を知り、学び、考える！

2011年5月　初版発行
2013年4月　3版発行

著　者　小田　豊
発行者　岡本　健
発行所　ひかりのくに株式会社
〒543-0001　大阪市天王寺区上本町3-2-14　郵便振替00920-2-118855
〒175-0082　東京都板橋区高島平6-1-1　郵便振替00150-0-30666
ホームページアドレス　http://www.hikarinokuni.co.jp
印刷所　図書印刷株式会社

乱丁・落丁はお取り替えいたします。
検印省略

Printed in Japan
ISBN978-4-564-60787-5
NDC376　112P 18.8×13.2cm